Heimat und Welt

für Sachsen Klasse 6

Moderator:
Dr. Wolfgang Gerber, Leipzig

Autoren:
Kerstin Bräuer, Leipzig
Dr. Wolfgang Gerber, Leipzig
Gerhild Haller, Rechenberg-Bienenmühle
Prof. Dr. Hartmut Kowalke, Dresden
Frank Prehl, Aue
Heidemarie Schaefer, Leipzig
Doris Steinberg, Brand-Erbisdorf
Elke Stock, Leipzig
Matthias Wolf, Frauenstein

wissenschaftliche Beratung:
Prof. Dr. Hartmut Kowalke, Dresden

westermann

Auf verschiedenen Seiten dieses Buches befinden sich Verweise (Links)
auf Internet-Adressen.
Haftungshinweis: Trotz sorgfältiger inhaltlicher Kontrolle wird die Haftung
für die Inhalte der externen Seiten ausgeschlossen. Für den Inhalt dieser
externen Seiten sind ausschließlich deren Betreiber verantwortlich.
Sollten sie bei dem angegebenen Inhalt des Anbieters dieser Seite auf kosten-
pflichtige, illegale oder anstößige Inhalte treffen, so bedauern wir dies
ausdrücklich und bitten Sie, uns umgehend per E-mail unter www.westermann.de
davon in Kenntnis zu setzen, damit beim Nachdruck der Verweis gelöscht wird.

© 2004 Bildungshaus Schulbuchverlage
Westermann Schroedel Diesterweg Schöningh Winklers GmbH, Braunschweig
www.westermann.de

Das Werk und seine Teile sind urheberrechtlich geschützt.
Jede Nutzung in anderen als den gesetzlich zugelassenen Fällen bedarf der
vorherigen schriftlichen Einwilligung des Verlages.
Hinweis zu § 52a UrhG: Weder das Werk noch seine Teile dürfen ohne eine
solche Einwilligung gescannt und in ein Netzwerk eingestellt werden.
Das gilt auch für Intranets von Schulen und sonstigen Bildungseinrichtungen.

Druck A^2 / Jahr 2005
Alle Drucke der Serie A sind im Unterricht parallel verwendbar.

Redaktion: Dr. Markus Berger
Herstellung: Stefanie Knorr
Umschlaggestaltung: Jürgen Brohm
Druck und Bindung: westermann druck GmbH, Braunschweig

ISBN 3-14-144842-6

Inhaltsverzeichnis

Europa im Überblick — 6

Gliederung und Abgrenzung 8
Großlandschaften Europas 10
Gewässer und Staaten 12
Verkehrswege in Europa 14
Die Europäische Union 16
Der Euro – Die Währung der EU 18
Kartenskizzen anfertigen 19   *Gewusst wie*
Europa – Einheit und Vielfalt 20
Alles klar? 22
Alles klar! 23

Klima und Vegetation in Europa — 24

Die Beleuchtungsverhältnisse der Erde 26
Klima- und Vegetationszonen 28
Arbeit mit dem Klimadiagramm 30   *Gewusst wie*
Auswertung eines Klimadiagramms 32   *Gewusst wie*
Wir zeichnen ein Klimadiagramm 33   *Gewusst wie*
Meeresnähe, Meeresferne und Meeresströmungen . 34
Klima und Vegetation Europas 36
In der Tundra 38
Die Zone der Hartlaubgewächse 40
Alles klar? 42
Alles klar! 43

Im Norden Europas — 44

Räumliche Orientierung 46
Im glazialen Abtragungsgebiet 48
Norwegens Fjorde 50
Im glazialen Ablagerungsgebiet 52
Wir arbeiten mit Profilskizzen 53   *Gewusst wie*
Die glazial geformte Landschaft heute 54
Die Nutzung des Rohstoffes Holz 56
Scandinavian Feeling 58
Alles klar? 60
Alles klar! 61

Inhaltsverzeichnis

Europa zwischen Atlantik und Ural — 62

- Räumliche Orientierung ... 64
- Klimatypen von West nach Ost ... 66
- Vegetationszonen von West nach Ost ... 68
- In der Zone der Steppen ... 70
- Das Ballungsgebiet Mittelengland ... 72
- Im französisch-deutschen Grenzgebiet ... 76
- Oberschlesisches Industriegebiet ... 80
- Global City London ... 84
- Die französische Hauptstadt Paris ... 88
- Moskau – eine Stadt im Wandel ... 92
- Moskau in zwei Tagen ... 94
- Niederlande ... 96

Gewusst wie
- Wir werten Satellitenbilder aus ... 98
- Alles klar? ... 102
- Alles klar! ... 103

Im Alpenraum — 104

- Räumliche Orientierung ... 106
- Höhenstufen der Vegetation ... 108
- Gletscher in den Alpen ... 110
- Massentourismus in den Alpen ... 112
- Verkehrswege in den Alpen ... 114
- Gefährdete Alpen ... 116
- Alles klar? ... 118
- Alles klar! ... 119

Im Süden Europas — 120

- Räumliche Orientierung ... 122
- Erdbeben und Vulkane ... 124
- Vulkane: gefährlich und nützlich ... 126

Gewusst wie
- Wir bauen ein Modell ... 129
- Kulturpflanzen aus dem Mittelmeerraum ... 130
- Landwirtschaft in Südeuropa ... 132
- Massentourismus am Mittelmeer ... 134
- Mittelmeerverschmutzung ... 136
- Alles klar? ... 138
- Alles klar! ... 139

Wahlpflichtthemen — 140

Zusammenarbeit in Europa 142
Der Airbus – ein europäisches Flugzeug 146
Polen – Deutschlands Nachbar im Osten 150
Tschechien – Deutschlands Nachbar im Südosten 154
Moderne Verkehrsprojekte in Europa 158
Auswirkungen des Verkehrs auf die Umwelt 162
Welthafen Rotterdam 164
Wir planen eine Reise 166
Alles klar? 170
Alles klar! 171

Anhang — 172

Minilexikon 172
Quellenverzeichnis 176

Europa im Überblick

Gliederung und Abgrenzung	8
Großlandschaften Europas	10
Gewässer und Staaten	12
Verkehrswege in Europa	14
Die Europäische Union	16
Der Euro – Die Währung der EU	18
Gewusst wie: Kartenskizzen anfertigen	19
Europa – Einheit und Vielfalt	20
Alles klar?	22
Alles klar!	23

M1 Montblanc-Massiv
Der Montblanc ist der höchste Berg Europas

Gliederung und Abgrenzung

Die Europaflagge

Sie wurde 1955 erstmalig gehisst. Der blaue Grund symbolisiert den Himmel. Die Zahl der goldenen Sterne ist unveränderlich auf zwölf festgesetzt, denn diese Zahl ist von alters her das Zeichen für Vollständigkeit und Vollkommenheit. Wie die zwölf Zeichen des Tierkreises für das gesamte Weltall stehen, so stellen die zwölf Sterne sämtliche Völker Europas dar, auch diejenigen, die noch nicht an einer europäischen Zusammenarbeit beteiligt sind. Der Kreis verdeutlicht die Einheit und Geschlossenheit der Völker.

M1 Der Göttervater Zeus entführt in Gestalt eines Stieres die Königstochter Europa

Info

Die Europa-Sage

Fern von Griechenland, im asiatischen Phönizien (heute Libanon und Syrien), wuchs die wunderschöne Europa heran. Eines Tages schritt Europa mit ihren Gefährtinnen zum Spiel aus dem Palast des Vaters. Sie suchte Zerstreuung und Geselligkeit, denn ein furchtbarer Traum quälte sie. Sie hatte geträumt, dass sie in einen fernen Erdteil entführt werden sollte.
Europas Traum wurde wahr. Zeus, der Göttervater, hatte ein Auge auf das hübsche Mädchen geworfen. Er verwandelte sich in einen Stier und entführte Europa nach Kreta. Dort lebte sie lange Zeit als Königin an seiner Seite. Auf diese Weise ging eine Weissagung der Göttin Aphrodite in Erfüllung: „Unsterblich sollst du künftig sein, Europa, denn der Erdteil, der dich aufgenommen hat, soll für alle Zeiten deinen Namen tragen."

„Europa" – woher stammt dieser Name?

Der Name Europa soll vom Wort „ereb", das heißt „dunkel" (im Sinne von „Land der untergehenden Sonne"), stammen. Das Seefahrervolk der Phönizier bezeichnete so die Westküste des Ägäischen Meeres. Die Ostküste dagegen nannten sie „aszu", das heißt „Land der aufgehenden Sonne". Beide Bezeichnungen übernahmen später die Griechen. Sie verwendeten die Begriffe auch für die hinter den Küstenregionen liegenden Festländer. Aus „ereb" wurde Europa, aus „aszu" Asien.

Europa – Gliederungsmöglichkeiten

Unser Heimatkontinent gehört zu dem größten Festlandsgebiet unserer Erde. Es setzt sich aus den Kontinenten Europa und Asien zusammen. Man spricht daher auch vom Doppelkontinent Eurasien. Europa bildet den westlichen Teil Eurasiens.
Europa kann nach unterschiedlichen Gesichtspunkten gegliedert werden. Soll die Oberfläche des Kontinents beschrieben werden, muss man ausgedehnte Tiefländer, Mittel- und Hochgebirge unterscheiden. Deutlich erkennbar sind die zahlreichen Inseln und Halbinseln, in die Europas Küste gegliedert ist. Daher ist die Küstenlinie Europas sehr lang. Sie ist fast so lang wie der Äquator.
Unseren Kontinent kann man auch nach politischen Gesichtspunkten gliedern, zum Beispiel nach Staaten. Hinsichtlich ihrer Lage lassen sich die Staaten zu sechs Großregionen zusammenfassen (vgl. S. 13).

Europa im Überblick

Europas Begrenzung

Der Kontinent Europa liegt auf der nördlichen Halbkugel. Will man ihn abgrenzen, so fällt das besonders im Osten schwer. Warum?

Die Kontinente der Erde sind meist von Ozeanen oder Meeren umgeben und deutlich als Landmasse abgegrenzt. Diese Merkmale treffen für Europa im Westen, Norden und Süden zu. Hier umspülen der Atlantische Ozean, das Nordpolarmeer und das Mittelmeer den Erdteil. Diese Europa begrenzenden Meere reichen weit in das Festland hinein. Die Küsten sind zugleich die Grenzlinien unseres Kontinents.

Im Osten geht Europa direkt auf dem Festland in den Kontinent Asien über. Als Grenze zwischen beiden Erdteilen gilt traditionell die Linie: Uralgebirge – Uralfluss – Nordufer des Kaspischen Meeres – Manytschniederung – Schwarzes Meer – Bosporus – Marmarameer – Ägäisches Meer. Diese Grenzlinie wurde jedoch willkürlich festgelegt und ist nicht verbindlich. In Russland und den Kaukasusstaaten gilt beispielsweise das Gebirge Kaukasus als südöstliches Grenzgebirge zwischen Europa und Asien.

Aufgaben

1 Diskutiert im Unterricht Gliederungsmöglichkeiten Europas.

2 Ermittle die Nord-Süd-Ausdehnung und die West-Ost-Ausdehnung unseres Kontinents.

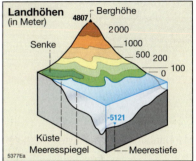

M2 Europa – Großlandschaften und Kontinentgrenzen

Großlandschaften Europas

M1 Dänische Nordseeküste in Jütland

M2 Masurische Seenplatte im Nordosten Polens

Naturräumliche Gliederung

Die Küstenlinie Europas ist sehr stark gegliedert. Die vielen Halbinseln und Inseln nehmen ungefähr ein Viertel der gesamten Festlandsfläche des Kontinents ein. Beeindruckende Steilküsten, beispielsweise an der portugiesischen Algarve oder in Frankreich, sowie Flachküsten mit ausgedehnten Sandstränden und Dünen, wie an der polnischen Ostsee- und dänischen Nordseeküste, locken jedes Jahr viele Touristen an.

Den größten Teil der Fläche Europas nimmt das Tiefland ein, das sich vom Atlantik im Westen in einem immer breiter werdenden Streifen bis zum Ural erstreckt. Am Ural verläuft zugleich die Grenze zwischen Europa und Asien. Osteuropa liegt nahezu vollständig in diesem Tiefland. Im Osteuropäischen Tiefland werden teilweise Höhen über 300 Meter erreicht. Die Waldaihöhen, das Quellgebiet der Wolga, sind mit 347 Metern die höchste Erhebung dieser Landschaft.

Der mittlere und südliche Teil Europas ist durch einen auffälligen Wechsel von Gebirgen und Beckenlandschaften charakterisiert. Die vielgestaltige Mittelgebirgszone prägt vor allem den zentralen Bereich unseres Kontinents. Die jungen Hochgebirge in Südeuropa sind Teil des eurasischen Hochgebirgsgürtels.

Auch in Nordeuropa überwiegt das Gebirgsland. Hier erstrecken sich auf der Skandinavischen Halbinsel die Skanden, ein in der Eiszeit überformtes Hochgebirge. Auch die Finnische Seenplatte ist durch die Vorgänge in dieser Zeit geprägt worden.

Deutschland hat mit dem Norddeutschen Tiefland Anteil am europäischen Tiefland. Der mittlere Bereich unseres Landes gehört zur Mittelgebirgszone Europas, während die Alpen Bestandteil des eurasischen Hochgebirgsgürtels sind.

Wichtige euopäische Gebirge

Ural	Alpen
Zentralmassiv	Skanden
Vogesen	Pyrenäen
Sudeten	Apenninen
Böhmerwald	Karpaten
Schwarzwald	Balkan
Harz	Rhodopen

höchste Erhebung Europas: Montblanc (4807 m)

Europa im Überblick

M3 Im französischen Zentralmassiv

M4 In den Alpen – Matterhorn

Landschaftliche Vielfalt in Europa

Nach den Sommerferien bringen die Kinder der Klasse 6a zur ersten Geographiestunde Fotos und Prospekte von ihren Urlaubsregionen mit und berichten den Mitschülern über ihre Urlaubs- und Landschaftseindrücke. Für kurze Zeit holen sie die Ferienzeit in ihr Klassenzimmer.

Daniel beginnt: „Ich war mit meinen Eltern in Dänemark. Auf einer Tagestour fuhren wir durch meist ebenes Land von der Nordsee an die Ostsee. Manchmal sahen wir auch kleine Hügel. Morgens habe ich in der Nordsee gebadet und nachmittags in der Ostsee. Unser Ferienhaus lag inmitten eines Dünengebietes an der Nordseeküste."

Sarah erzählt: „Da unsere Familie gern wandert, sind wir in diesem Jahr in das französische Zentralmassiv gefahren. Wir waren sehr überrascht von der Vielfalt dieses Mittelgebirges. Am schönsten war die Wanderung auf den Mont Dore (1886 m). Von oben bot sich uns ein herrlicher Blick über ausgedehnte Hochflächen und abgerundete Einzelberge. Manche der Erhebungen sind höher als 1700 Meter. Aber wir haben auch schroffe, zerklüftete Bereiche gesehen, die eher an ein Hochgebirge erinnern."

Martin schwärmt: „Ich wollte schon immer einmal Urlaub in den Alpen machen, weil ich gern einen Gletscher aus der Nähe sehen wollte. Aber ich war auch begeistert von den spitzen Gipfeln und steilen Felswänden, die sich links und rechts der U-förmigen Täler erhoben. Natürlich durfte ein Ausflug zu einem der bekanntesten Berge, dem Matterhorn (4478 m), nicht fehlen. Allerdings habe ich ihn nur von unten gesehen."

Nicole berichtet: „Meine Eltern haben ein Boot gemietet. Damit sind wir durch die Masuren gefahren. Mich hat die seenreiche Landschaft sehr an die Mecklenburger Seenplatte erinnert. In einem Buch habe ich gelesen, dass beide Gebiete in der Eiszeit entstanden sein sollen."

Aufgaben

1 Ermittle die Lage der in der Info-Box genannten (Atlas).

2 Beschreibe die naturräumliche Gliederung Europas.

3 Ordne Deutschland in den europäischen Naturraum ein.

4 Berichte deinen Mitschülern anhand von Bildmaterial über den Naturraum eines Reiseziels deiner Wahl.

Gewässer und Staaten

Aufgaben

1 Beschreibe den Flusslauf wichtiger Flüsse in Europa.

2 Suche den Schifffahrtsweg von der Nordsee zum Schwarzen Meer.

3 Ermittle alle in M1 eingetragenen topografischen Objekte.

4 Ermittle für alle Großregionen die dazugehörigen Länder (Atlas, M2).

5 Vergleiche die Bevölkerungsdichte ausgewählter europäischer Länder.

Europa – das Gewässernetz

Das Gewässernetz setzt sich aus Flüssen, Seen und Kanälen zusammen. Die Flüsse entspringen zumeist im Gebirge und münden in andere Flüsse oder fließen direkt in die angrenzenden Meere. Die längsten europäischen Flüsse findet man zum größten Teil in Osteuropa. Die Wolga und der Ural enden in einem See, der wegen seiner Größe als Kaspisches Meer bezeichnet wird.

Ein See ist ein Gewässer ohne Verbindung zum offenen Meer. Europa ist reich an Seen. In einigen Regionen häufen sich die Seen besonders, sodass man von Seenplatten spricht. Kanäle sind vom Menschen künstlich angelegte Wasserstraßen. Sie stellen wichtige Schifffahrtswege zwischen Flüssen, aber auch zwischen Meeren dar. Der Main-Donau-Kanal verbindet beispielsweise Rhein, Main und Donau zu einer ca. 3500 km langen Wasserstraße, die von der Nordsee bis zum Schwarzen Meer reicht. So erhalten **Binnenstaaten,** die nicht an ein Meer grenzen (z. B. Österreich, Slowakei), Zugang zu den Weltmeeren.

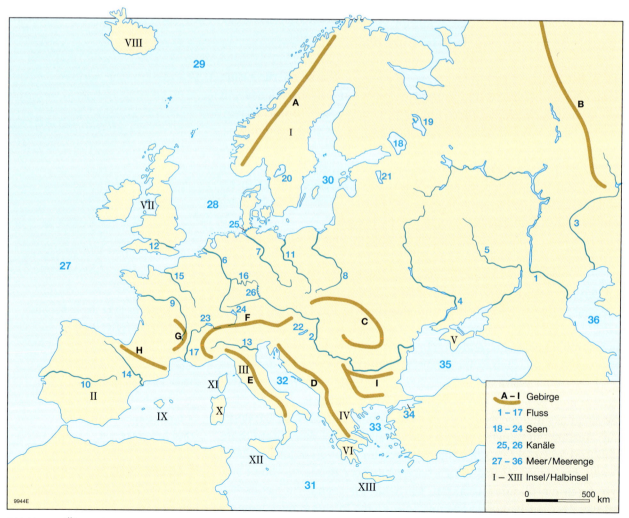

M1 Europa-Übungskarte

Europa im Überblick

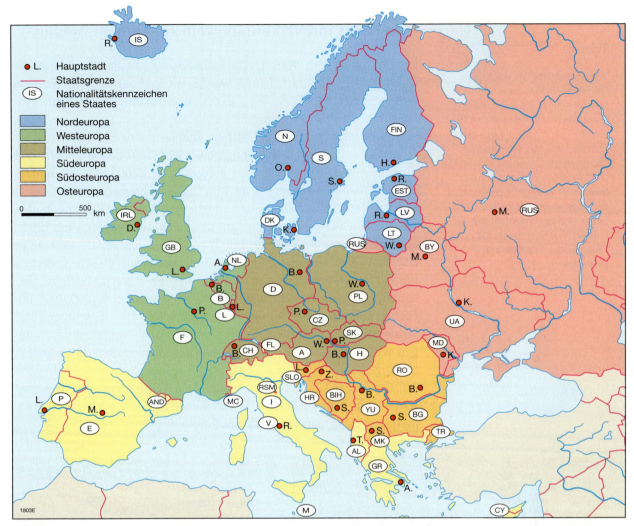

M2 Die Staaten Europas und ihre Zugehörigkeit zu den europäischen Großregionen

Staaten und Bevölkerung

Die Staatenkarte Europas zeigt ein buntes Bild. Mehr als 40 Länder liegen auf unserem Kontinent. Ihre Größe ist sehr unterschiedlich. Der europäische Teil Russlands nimmt fast die Hälfte Europas ein. Es gibt aber auch „Zwergstaaten" wie Liechtenstein, Monaco oder San Marino. Der flächenkleinste Staat der Erde ist mit 0,44 km² Vatikanstadt im Nordwesten von Rom. Hier hat der Papst seinen Sitz. Er ist das Oberhaupt der katholischen Kirche. Die Staaten Europas (M2) lassen sich zu Großregionen zusammenfassen. Europa ist ein dicht besiedelter Kontinent. Trotzdem ist die Bevölkerungsverteilung sehr ungleich.
Ein Gebiet hoher **Bevölkerungsdichte** verläuft von Großbritannien über Mitteleuropa nach Norditalien. Küstengebiete in West- und Südeuropa sind ebenfalls dicht besiedelt. In vielen Ländern Europas leben Angehörige verschiedener Völker. So gibt es in Deutschland neben den Minderheiten der Sorben und der Dänen zahlreiche Italiener und Türken, die im 20. Jahrhundert als Arbeitskräfte angeworben wurden.

Kontinent	Fläche Mio. km²	Bevölkerung Mio. (2003)
Europa	10	760
Asien	44	3 700
Afrika	30	830
Nord- und Mittelamerika	24	320
Südamerika	18	520
Australien	8	30
Antarktis	14	–

M3 Kontinente im Vergleich

Verkehrswege in Europa

Info

Transit

Transit bedeutet Durchfuhr von Gütern oder Durchreise von Personen durch ein Land. Beim Transitverkehr werden Waren in ein Bestimmungsland durch ein anderes Land, das Transitland, transportiert.
Die Waren werden im Transitland weder gelagert noch gehandelt oder weiterverarbeitet.
Einige wichtige Transitländer Europas sind Österreich, die Tschechische Republik und Deutschland.

Unterwegs mit Verkehrsmitteln auf Verkehrswegen

Der Transport von Waren, die Beförderung von Personen und die Übermittlung von Nachrichten werden als Verkehr bezeichnet. Man unterscheidet den Personen-, Güter- und Nachrichtenverkehr. Verkehr findet mit Verkehrsmitteln auf Verkehrswegen statt.

Vielleicht musst auch du auf deinem Schulweg eine Straßenbahn oder einen Bus benutzen. Diese sind ebenso wie die U-Bahnen öffentliche Verkehrsmittel. Fährt dich aber zum Beispiel dein Vater mit seinem Pkw zur Schule, so spricht man vom Individualverkehr.

Zu den Verkehrsmitteln zählen neben den Kraftfahrzeugen für den öffentlichen Personenverkehr und den Individualverkehr auch Eisenbahnen, Flugzeuge, Binnen- und Seeschiffe. Auch der Güterverkehr, bei dem Waren transportiert werden, kann mit diesen Verkehrsmitteln abgewickelt werden. Dabei werden unterschiedliche Verkehrswege benutzt. Die wichtigsten Verkehrswege sind Orts- und Fernverkehrsstraßen, Autobahnen, Schienenwege, Fluglinien und Wasserstraßen. Außerdem werden verschiedene Verkehrseinrichtungen wie Bahnhöfe, See- und Binnenhäfen, Schleusen und Flughäfen benötigt.

Auf Grund der Länge der gefahrenen Strecke unterscheidet man zwischen dem Nah- und dem Fernverkehr. Im Umkreis von 50 Kilometern spricht man vom Nahverkehr.

M1 Verkehrswege und Verkehrsmittel

Europa im Überblick

Das Verkehrsnetz Europas

In den letzten Jahrzehnten wurden bestehende Verkehrswege ständig verbessert und neue Verkehrswege gebaut. Inzwischen sind zahlreiche Verkehrswege miteinander verbunden oder kreuzen sich. Man spricht von einem Verkehrsnetz. Über den Kontinent Europa spannt sich ein enges Straßen-, Schienen- und Datennetz. Kanäle verbinden Wasserstraßen. Durch den 1992 fertig gestellten Main-Donau-Kanal ist es möglich geworden, Waren über eine 3500 Kilometer lange Wasserstraße von der Nordsee bis zum Schwarzen Meer zu transportieren. Reger Verkehr herrscht auch im Luftraum über Europa. Die Reise- und Transportzeiten verkürzen sich durch verbesserte, schnellere Verkehrsmittel und den Aus- und Neubau von Verkehrswegen. Mit der Zunahme des Verkehrs verstärkt sich aber auch der Eingriff in die natürliche Umwelt.

Aufgaben

1 Ordne die in M1 dargestellten Verkehrsmittel den entsprechenden Verkehrswegen zu.

2 Nenne Regionen Europas, die von einem dichten Verkehrsnetz durchzogen sind (M2).

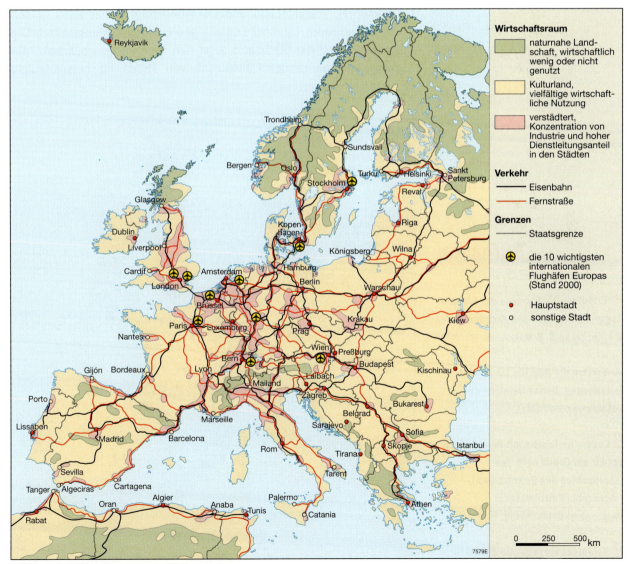

M2 Europa – Verkehrswege und Wirtschaft

Die Europäische Union

Die Europäische Union – ein Staatenbündnis

Die **Europäische Union** (EU) erlebte im Jahre 2004 ihre bisher größte Erweiterung. Seit dem 1. Mai 2004 gehören 25 selbstständige Länder zu diesem Staatenbund. Die Europäische Union ist ein politisches Gebilde und nicht zu verwechseln mit dem Kontinent Europa. Die Staaten haben sich zusammengeschlossen, um wirtschaftliche und politische Ziele zu erreichen. Die gemeinsame Außen- und Sicherheitspolitik steht dabei im Vordergrund und sichert den Frieden in Europa. Gemeinsames Handeln ist auch in der Innen- und Rechtspolitik notwendig, wie die steigende Zahl der länderübergreifenden, europaweiten Verbrechen beweist. Deshalb wurde 1994 die europäische Gemeinschaftspolizei EUROPOL mit Hauptsitz in Den Haag gegründet. Die Schaffung einer Wirtschafts- und Währungsgemeinschaft ist weitgehend verwirklicht. In allen Ländern der EU herrscht freier Verkehr für Personen, Waren, Geld und Dienstleistungen. Der Euro ist seit 2002 in mehreren Ländern Europas gesetzliches Zahlungsmittel. Die Zusammenarbeit der EU-Staaten zeigt sich auch im Umweltschutz, der Agrarpolitik und in der Gewährung von Hilfen für benachteiligte Gebiete.

M1 Die drei Säulen der EU

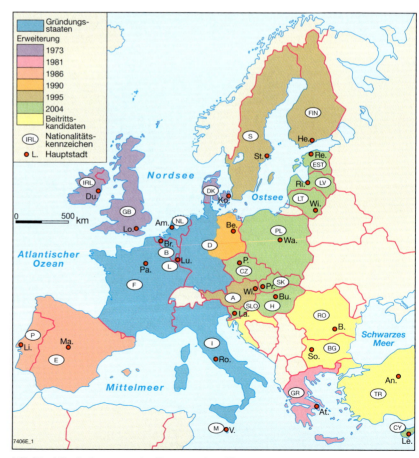

M2 Die Mitgliedsstaaten der Europäischen Union

Aufgaben

1 Erläutere die Symbole der Europaflagge (Farbe, Zahl und Anordnung der Sterne; siehe S. 8 M1).

2 Erkläre die Begriffe EU und EU-Erweiterung. Nenne Bereiche der Zusammenarbeit (M1).

3 Lege eine Tabelle mit den Ländern der EU an. Ordne nach den Jahreszahlen des Beitritts (M2).

Jahreszahl	Beitrittsländer
1951	Deutschland, Frankreich...

4 Erläutere Vorteile, die die EU für ihre Bewohner bietet.

Die EU-Osterweiterung

Bei einem Blick auf die Karte (M2) stellst du sicher fest, dass die neuen Beitrittsländer östlich der bisherigen Grenze des Unionsgebietes liegen. Deshalb spricht man auch von einer EU-Osterweiterung. Sie ist in ihrem Umfang eine große Herausforderung. Die Fläche wächst um ungefähr 700 000 km², die Bevölkerung steigt auf ungefähr 454 Mio. Einwohner an. Damit bietet die Osterweiterung der EU die einmalige Chance, die politische und wirtschaftliche Einigung des gesamten Kontinents voranzutreiben.

Aber es sind auch eine Reihe von Problemen zu bewältigen, die sich aus dem unterschiedlichen Entwicklungsstand der östlichen Beitrittsländer ergeben.

Sachsen ist mit der Osterweiterung mehr in die Mitte der Union gerückt und hat zwei neue EU-Partner als direkte Nachbarn, Polen und Tschechien. In den grenznahen Gebieten unseres Bundeslandes hat sich bereits in den vergangenen Jahren die Zusammenarbeit mit diesen Staaten auf verschiedenen Gebieten entwickelt und wird sich nun weiter vertiefen. Auf einem großen grenzüberschreitenden Volksfest in Zittau wurden unsere neuen EU-Partner am 1. Mai 2004 herzlich begrüßt (S.83).

Info

Beitrittskriterien

Das Bewerberland muss:
- über eine demokratische und rechtsstaatliche Ordnung verfügen, die die Menschenrechte und den Schutz von Minderheiten sicherstellt.
- eine funktionierende Marktwirtschaft besitzen.
- alle Rechte und Pflichten, die sich aus der Mitgliedschaft ergeben, übernehmen (auf 80 000 Seiten festgehalten).
- sich mit den politischen Zielen sowie der Wirtschafts- und Währungsunion einverstanden erklären.

M3 Die neuen Sterne in der EU der 25

Der Euro – Die Währung der EU

M1 Die 2-Euro-Münze mit allen zwölf nationalen Rückseiten

M2 Euro-Scheine

Das Aussehen der Europäischen Währung

Die Euro-Scheine sind von unterschiedlicher Farbe und Größe und haben einen Wert von jeweils 500, 200, 100, 50, 20, 10 und 5 Euro. Auf der Vorderseite der sieben Geldscheine sieht man Elemente aus der Architektur. Jeder Schein zeigt Fenster und Portale als Zeichen der Offenheit und Zusammenarbeit in der EU. Auf der Rückseite befindet sich jeweils eine Brücke als Zeichen der Verbindung sowohl zwischen den Völkern Europas als auch zwischen Europa und anderen Regionen der Erde.

Die Euro-Münzen gibt es im Wert von 1, 2, 5, 10, 20 und 50 Cents sowie von 1 und 2 Euro. Sie haben eine einheitlich gestaltete „europäische" Vorderseite. Die Rückseiten wurden von jedem Land mit eigenen nationalen Motiven gestaltet. Die deutschen Münzen zeigen den Eichenzweig, das Brandenburger Tor und den Adler. Jede Münze kann überall in den zwölf Mitgliedsstaaten verwendet werden. Ein deutscher Bürger kann in Paris ein Baguette mit einer Euro-Münze bezahlen, auf der der König von Spanien abgebildet ist.

Aufgaben

1 Erkläre, warum man den Namen Euro für die Europäische Währung gewählt hat.

2 In welchem Jahr wurde der Euro gesetzliches Zahlungsmittel?

3 Nenne Vorteile, die die Einführung des Euro für Urlaubsreisen bringt.

Kartenskizzen anfertigen

Gewusst wie

Echt schwierig! Kein anderer Erdteil hat so einen unregelmäßigen Umriss!

Europa – einprägsame Formen

Die starke Gliederung Europas bringt es mit sich, dass einzelne Länder eine besondere Form haben. Mit ein wenig Fantasie kannst du auf der Europakarte einen Hund, einen Kopf, einen Stiefel, eine Faust und weitere Formen erkennen. So kannst du dir die Umrisse der Länder leicht merken. Die Formen helfen dir auch beim Zeichnen einer Faustskizze. Das ist eine Zeichnung, die man aus dem Kopf schnell auf einem Stück Papier oder an der Tafel entwirft. Das Anfertigen solcher Skizzen ist eine Frage der Übung.

M4 Steckbriefe zu Europa

- Alpenraum — Staaten: _____
- Britische Inseln — Staaten: _____
- Skandinavien — Staaten: Norwegen, Schweden, Finnland, Dänemark

Methode

Anfertigen einer Faustskizze

1. Präge dir die Umrisse anhand der Atlaskarte ein.
2. Lege Transparentpapier auf die Atlaskarte und zeichne die Umrisse ab.
3. Stelle fest, ob die Umrisse einprägsame Formen haben (Dreieck, Viereck, Flasche, Hund, Stiefel).
4. Zeichne nun die Umrisse freihändig auf ein Blatt Papier. Benutze die festgestellten Formen.
5. Vergleiche die Zeichnung mit dem Original im Atlas, korrigiere falls nötig.

Aufgaben

4 Erstelle zu folgenden Teilräumen Europas kleine Steckbriefe (M4): Skandinavien, Britische Inseln, Alpenraum.

5 Benenne die Länder, die sich hinter dem Stiefel, dem Hund und dem Kopf verbergen.

a.

b.

c.

M3 Faustskizzen

Europa – Einheit und Vielfalt

Aufgaben

Der Sport verbindet alle Länder

1 Erkundige dich nach Lebensgewohnheiten in drei europäischen Ländern.

2 Nenne die Länder, aus denen die Fußballer kommen (M1).

3 Ordne die Backwaren aus Europa den Ländern zu. Orientiere dich dabei an den Flaggen (M2).

M1 Spieler einer Fußball-Europa-Auswahl mit Kindern aus den Heimatländern der Spieler

Ein Mosaik vieler Völker

In Europa leben viele Völker mit unterschiedlichen Lebensgewohnheiten auf engem Raum.

Zum Entstehen dieses Mosaiks trug in früheren Zeiten das geographische Relief mit bei. Die großen Tieflandsgebiete und die Gebirge bestimmten den Verlauf der europäischen Handelsstraßen. Auf ihnen drangen auch Eroberer nach Europa vor. Über die weiten osteuropäischen Tiefebenen waren es zum Beispiel mehrfach asiatische Völker. Viele von ihnen ließen sich in den eroberten Gebieten nieder. Im Laufe der Zeit kam es dort zur Vermischung unterschiedlicher Kulturen, Sprachen und Religionen.

Aber auch innerhalb Europas kam und kommt es immer wieder zu Bevölkerungswanderungen. Ihnen lagen und liegen heute noch religiöse und kriegerische Auseinandersetzungen in den Heimatländern zu Grunde. So flüchteten viele Menschen aus den Bürgerkriegsgebieten Südosteuropas und suchten eine neue Heimat in anderen Teilen unseres Kontinents.

Auch Unterschiede im wirtschaftlichen Entwicklungsstand einzelner Länder spielen eine Rolle. Da jeder EU-Bürger das Recht hat, innerhalb der EU seinen Wohnort und Arbeitsplatz frei zu wählen, ziehen zahlreiche Menschen aus Staaten mit geringer Wirtschaftskraft in die hoch entwickelten Staaten der EU. Nur für die neuen EU-Mitglieder gibt es zeitlich befristete Einschränkungen.

Info

Das Wort Mutter in verschiedenen europäischen Sprachen

Griechisch:	μητερα
Lateinisch:	mater
Französisch:	mere
Englisch:	mother
Italienisch:	madre
Russisch:	мать
Schwedisch:	moder
Estnisch:	ema
Ungarisch:	anya

M2 Backwaren aus Europa (Auswahl).

Alles klar?

1 Buchstabensalat: Welche europäischen Länder verbergen sich hinter dem Buchstabensalat?

1. UGNNAR
2. AGLOPRTU
3. ZWSHIEC
4. KECHRRNAFI
5. SUSLARDN
6. STLNADE
7. AADEEKMNR
8. CTLDNEAUDSH
9. NZPEYR
10. DNNNFAIL
11. AEIUKNR
12. OCANOM

2 Bilderrätsel: Gesucht sind europäische Städte.

3 Ein Begriff passt nicht in die Reihe: Finde das schwarze Schaf und begründe deine Antwort.

1. Atlantik – Nordpolarmeer – Nordsee – Indischer Ozean
2. Eiffelturm – Brandenburger Tor – Freiheitsstatue – Tower Bridge
3. Azoren – Sardinien – Kreta – Sizilien
4. Pizza – Frühlingsrollen – Gyros – Pommes frites
5. Luxemburg – Tschechien – Ungarn – Slowenien

Alles klar!

Lage, Abgrenzung, Teilräume Europas

Europa liegt auf der Nordhalbkugel und ist ein vielgestaltiger Kontinent. Kennzeichnend ist die starke Gliederung in Inseln und Halbinseln. Sie umfassen etwa ein Viertel der Gesamtfläche. Der Kontinent ist im Norden, Westen und Süden durch Meere begrenzt. Im Osten bildet der Ural die Grenze. Europa gliedert sich in sechs Großregionen.

Großlandschaften und Gewässer Europas

In Europa wechseln Hoch- und Mittelgebirge, Becken und Tiefländer einander ab. Nur im Osten unseres Kontinents befindet sich ein großes zusammenhängendes Gebiet, das Osteuropäische Tiefland.
Flüsse, Seen und Kanäle sind in Europa sehr zahlreich vorhanden. Das Relief bestimmt wesentlich den Verlauf der Flüsse und die Verbreitung der Seen. Die künstlich angelegten Kanäle stellen wichtige Verkehrsverbindungen dar und ergänzen das europäische Wasserstraßensystem.

Die EU und der Euro

Die Europäische Union (EU) ist ein Bündnis aus 25 Staaten (2004). Ein gemeinsamer Binnenmarkt, Friedenssicherung, gemeinsame Forschungsziele, Umweltpolitik und Hilfe für benachteiligte Gebiete sind die Schwerpunkte der Zusammenarbeit. Weitere Länder wollen beitreten.
Die gemeinsame europäische Währung ist der Euro. Die Bezeichnung ist für alle Europäer leicht auszusprechen und verdeutlicht, in welchem Gebiet die Währung gelten soll. Das grafische Zeichen lehnt sich an den griechischen Buchstaben Epsilon an, verweist damit auf die Wiege der europäischen Kultur und auf den ersten Buchstaben des Wortes „Europa". Die offizielle Abkürzung ist EUR. Inzwischen ersetzt der Euro in zwölf Mitgliedsstaaten die nationalen Währungen und ist gesetzliches Zahlungsmittel.

Einheit und Vielfalt in Europa

An den Sprachen, Baustilen und Kunst lässt sich die kulturelle Vielfalt, aber auch die enge Verwandtschaft der Länder Europas erkennen. In wirtschaftlicher Hinsicht sind die europäischen Länder eine starke Macht. Sie sind Lieferanten wichtiger Rohstoffe und Erzeuger der verschiedensten landwirtschaftlichen Produkte.
Die industrielle Fertigung reicht von Textilien, Möbeln, über Automobile bis zu Hightech-Artikeln. Auch im Dienstleistungssektor nimmt Europa eine führende Stellung ein.
Die Wirtschaftsleistung der einzelnen europäischen Staaten ist jedoch sehr unterschiedlich. Vor allem in den Randgebieten des Kontinents liegen Staaten und Regionen mit einer geringeren Wirtschaftskraft, wie z. B. Portugal, Südspanien, Süditalien und Griechenland.

Das Wichtigste kurz gefasst:

www
Link-Bibliothek zu Europa:

EU und Euro speziell für Kinder und Jugendliche unter:
www.europa4young.de

Spezielle Suchmaschine für alle Fragen in Zusammenhang mit der EU unter:
www.europa.eu.int/index_de.htm

Umfangreiche Informationen über die EU unter:
www.eu-kommission.de

Praktische Tipps für Reise, Arbeit und Studium unter:
www.europa.eu.int/scadplus/citizens/de/inter.htm

Europa in Zahlen unter:
www.eurostat.de

Europäische Metropolen unter:
www.touri.de/europa.htm

Grundbegriffe:

Binnenstaat
Bevölkerungsdichte
Transit
Europäische Union

Klima und Vegetation in Europa

Die Beleuchtungsverhältnisse der Erde	26
Klima- und Vegetationszonen	28
Gewusst wie: Arbeit mit dem Klimadiagramm	30
Gewusst wie: Auswertung eines Klimadiagramms	32
Wir zeichnen ein Klimadiagramm	33
Meeresnähe, Meeresferne und Meeresströmungen	34
Klima und Vegetation Europas	36
In der Tundra	38
Die Zone der Hartlaubgewächse	40
Alles klar?	42
Alles klar!	43

M1 Morgennebel im oberen Isartal

Die Beleuchtungsverhältnisse der Erde

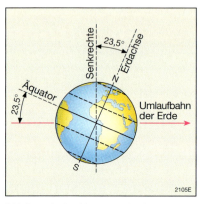

M1 Durch die Neigung der Erdachse steht die Erde gewissermaßen „schief"

Die Erde bewegt sich um die Sonne

Die Erde bewegt sich im Verlauf eines Jahres um die Sonne und dabei täglich einmal um ihre eigene Achse. Die Erdachse ist um etwa 23,5° zur Senkrechten der Erdumlaufbahn geneigt. Ihre Stellung im Weltall ist unveränderlich.

Mit einer Geschwindigkeit von nahezu 30 km pro Sekunde benötigt die Erde für einen Umlauf um die Sonne 365 Tage und sechs Stunden. Durch die Kugelgestalt der Erde wird immer nur eine Hälfte von der Sonne angestrahlt – dort ist Tag. Die andere Hälfte liegt im Schatten – dort ist Nacht. Innerhalb von 24 Stunden ist es überall auf der Erde – außer an den Polen – einmal Tag und einmal Nacht. Die Bewegung der Erde um sich selbst wird als **Rotation** bezeichnet. Auf Grund der unveränderten Schrägstellung der Erdachse ist im Sommer die Nordhalbkugel und im Winter die Südhalbkugel der Sonne stärker zugewandt. So entstehen Beleuchtungs- und Temperaturunterschiede.

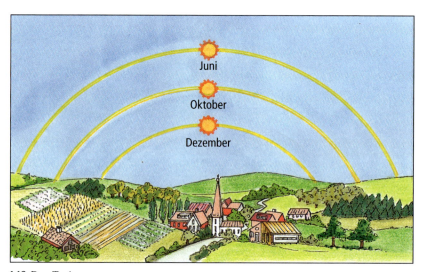

M2 Der Tagbogen

Info

Scheinbare und wirkliche Bewegungen der Sonne

„... Im Osten geht die Sonne auf, im Süden ist ihr Mittagslauf, im Westen will sie untergehen, im Norden ist sie nie zu sehen ..." Dieser bekannte Reim drückt die scheinbare Bewegung der Sonne aus. Die tägliche Sonnenbahn verläuft über dem Horizont von Ost über Süd nach West. Das scheint uns so, weil in Wirklichkeit die Erde von West nach Ost rotiert.

M3 Wenn du im Kreis läufst, ist dein Körper immer zum Bahninneren geneigt. Damit zeigt auch deine Körperachse zum Bahninneren. Ganz anders verhält es sich mit der Erdachse beim Umlauf der Erde um die Sonne. Die Erdachse behält auf jeder Position ihre Achsenstellung bei. So kommt es, dass die beiden Halbkugeln in den einzelnen Jahreszeiten unterschiedlich stark beleuchtet werden.

Ohne Sonne kein Leben – die Beleuchtungszonen

Die Sonne ist unser wichtigster Energielieferant. Sie strahlt immer annähernd die gleiche Energiemenge in Richtung Erde. Das führt zur Erwärmung der Erde. Wie wir wissen, wird die Erde aber nicht überall gleichmäßig erwärmt: In der Nähe der Pole ist es besonders kalt, in Äquatornähe dagegen besonders warm.

Wie stark sich die Erde erwärmen kann, hängt von zahlreichen Faktoren ab. Besonders wichtig ist die Größe des Einstrahlungswinkels der Sonne. Am größten ist der Einstrahlungswinkel in Äquatornähe, am geringsten an den Polen. In Polnähe ist die Einstrahlung größer als die Ausstrahlung, in Äquatornähe ist es umgekehrt. Wir leben in einem Gebiet mit einem mäßig steilen Einfallswinkel und gemäßigten Temperaturen. Gebiete mit annähernd gleichem Einfallswinkel der Sonnenstrahlen werden zu Beleuchtungszonen zusammengefasst.

Info

Polartag und Polarnacht ...

sind Erscheinungen in den Polargebieten der Erde. In der Zeit vom 21. März bis 23. September sinkt der Tagbogen der Sonne zwischen Nordpol und nördlichem Polarkreis nie unter den Horizont. Es bleibt 24 Stunden lang hell. Es ist die Zeit des Polartages. Weil es auch um Mitternacht hell ist, spricht man von der Mitternachtssonne.
In der Zeit vom 23. September bis 21. März erscheint im Nordpolargebiet die Sonne auch zur Mittagszeit nicht über dem Horizont. Es ist die Zeit der Polarnacht.

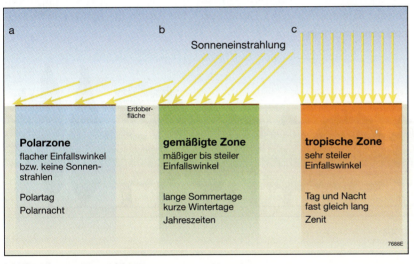

M4 Die Sonneneinstrahlung

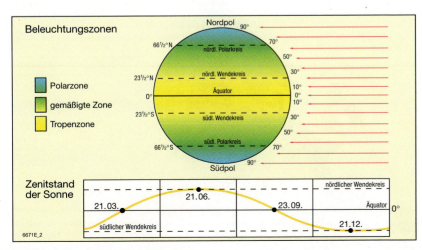

M5 Die Beleuchtungszonen

Aufgaben

1 Erläutere die Ursachen für die Entstehung von Tag und Nacht.

2 Stelle dir vor, die Erdachse stünde senkrecht zur Erdumlaufbahn – welche Folgen hätte das?

3 Beschreibe die Beleuchtungsverhältnisse der Erde.

4 Erkläre, warum die Temperaturen von den Polen zum Äquator zunehmen.

Klima- und Vegetationszonen

Aufgaben

1 Beschreibe die Anordnung der Klimazonen in Europa von Nord nach Süd. Nenne Faktoren, die das Klima bestimmen und beeinflussen.

2 Beschreibe die Klimazone, in der Deutschland liegt, genauer.

Vom Nordkap zum Mittelmeer

Wir unternehmen eine Reise vom Nordkap im Norden der Skandinavischen Halbinsel bis zum Mittelmeer im Süden Europas. Je weiter wir uns südwärts bewegen, desto wärmer wird es. Auch die Pflanzenwelt verändert sich: Am Anfang unserer Reise sind wir in einer baumlosen Landschaft mit Gräsern, Moosen und Flechten. Die sich südlich anschließenden, ausgedehnten Nadelwälder gehen je weiter wir uns nach Süden bewegen in Laub- und Mischwälder über. Im Mittelmeerraum dagegen gedeihen unter anderem Palmen, Pinien, Korkeichen und Zypressen. Wie sind diese Veränderungen zu erklären? Die Temperaturen eines Raumes werden vor allem durch seine Lage zum Pol bzw. zum Äquator bestimmt. Aber auch die Lage zum Meer, die Höhenlage, die Windverhältnisse und die damit verbundenen Niederschläge bestimmen das **Klima**. Große Gebiete, in denen sich Klimamerkmale ähneln, nennt man **Klimazonen** (M2). Sie ziehen sich gürtelförmig um die ganze Erde.

Die Abfolge der natürlichen **Vegetationszonen** entspricht weitgehend der der Klimazonen (M5). Der Mensch hat jedoch die natürliche Vegetation sehr verändert.

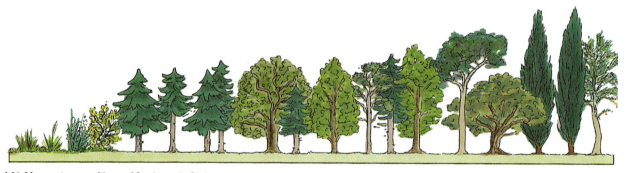

M1 Vegetationsprofil von Nord- nach Südeuropa

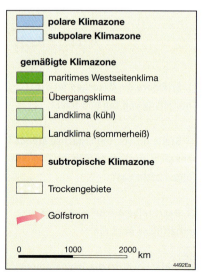
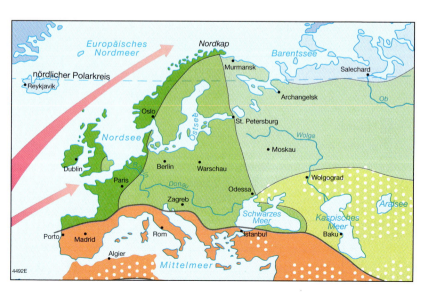

M2 Europa – Klima

Klima und Vegetation in Europa

Aufgaben

3 Ordne den Klimazonen Europas die entsprechenden Vegetationszonen zu.

4 Erläutere, wie sich die Vegetation den unterschiedlichen klimatischen Verhältnissen angepasst hat.

M3 Tundra

M4 Hartlaubgewächse

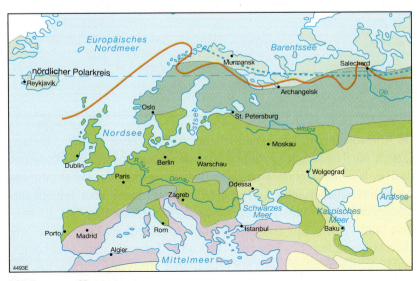

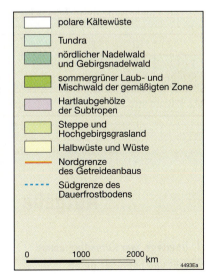

- polare Kältewüste
- Tundra
- nördlicher Nadelwald und Gebirgsnadelwald
- sommergrüner Laub- und Mischwald der gemäßigten Zone
- Hartlaubgehölze der Subtropen
- Steppe und Hochgebirgsgrasland
- Halbwüste und Wüste
- Nordgrenze des Getreideanbaus
- Südgrenze des Dauerfrostbodens

M5 Europa – Vegetation

Gewusst wie

Arbeit mit dem Klimadiagramm

Info

Wetter: Das Zusammenwirken von Temperatur, Niederschlag, Bewölkung, Wind und Luftdruck zu einem bestimmten Zeitpunkt an einem bestimmten Ort.

Klima: Erfasst den durchschnittlichen Wetterablauf über einen längeren Zeitraum und in einem größeren Gebiet.

Wetter und Klima

Das Wetter ist ein unerschöpfliches Thema. Es gibt kaum einen anderen Gesprächsstoff, der bei so vielen Menschen Interesse erregt wie das Wetter. Wenn ihr Feriengrüße schreibt, dann steht neben Wohnen und Essen fast immer etwas über das Wetter auf eurer Postkarte.

Im Fach Geographie beschäftigen wir uns nicht nur mit Wetter, wir lernen auch das Klima in verschiedenen Orten und Ländern kennen. Uns interessieren besonders die Temperaturen und Niederschläge. Im **Klimadiagramm** werden Temperaturen und Niederschlag dargestellt. In M1 werden die Einzelteile des Klimadiagramms näher erläutert:

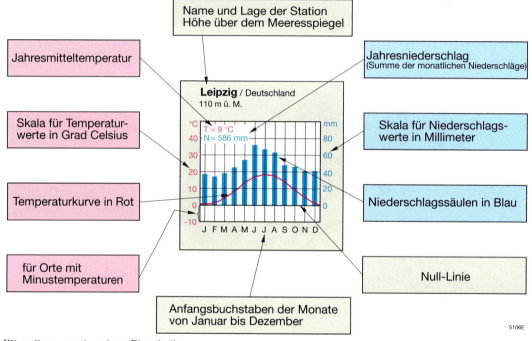

M1 Das Klimadiagramm in seinen Einzelteilen

	J	F	M	A	M	J	J	A	S	O	N	D	Jahr
T (°C)	0	1	4	9	13	18	19	17	13	9	4	1	9
N (mm)	38	35	39	44	52	71	66	64	49	45	42	41	586

M2 Klimawerte von Leipzig, T = Temperatur (gerundete Werte), N = Niederschlag

Im Klimadiagramm kann man feuchte und trockene Monate ablesen. Liegen die Niederschlagssäulen über der Temperaturkurve, bedeutet das, es fällt mehr Niederschlag als Wasser verdunstet. Diese Monate bezeichnet man als feucht. Liegt die Temperaturkurve über den Niederschlagssäulen, verdunstet mehr Wasser als Niederschlag fällt. Es handelt sich dann um Trockenmonate. Außerdem kann man die Wachstumszeiten für Pflanzen ablesen. Getreide und Laubbäume wachsen, wenn mindestens ein Monat über 10 °C liegt, Gräser bei nur 5 °C, allerdings muss genügend Feuchtigkeit vorhanden sein.

Aufgabe

1 Überlege, wer Klimadiagramme braucht und begründe deren Verwendung.

Temperaturkurve

Um die Temperaturen der einzelnen Monate überschaubar zu machen, stellt man die Monatsmittel zeichnerisch in roten Temperaturkurven dar. Dazu muss man zunächst die Tagesmitteltemperaturen und daraus dann die Monatsmitteltemperaturen errechnen.

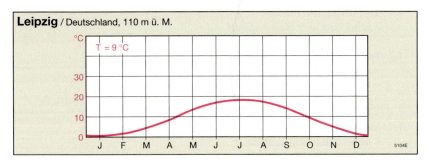

M3 Temperaturdiagramm von Leipzig

Niederschlagssäulen

Bei den Niederschlägen ermittelt man keine Durchschnittswerte. Man addiert die Niederschlagsmengen aller Tage eines Monats. Die Monatsniederschläge werden dann in blauen Niederschlagssäulen dargestellt. An der Höhe der Säulen ist zu erkennen, ob Pflanzen wachsen können bzw. ob sie sich in einer Ruhephase befinden.

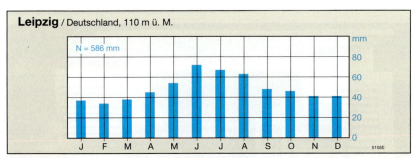

M4 Niederschlagsdiagramm von Leipzig

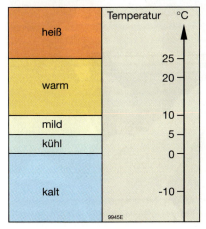

M5 Stufen der Monatsmitteltemperatur

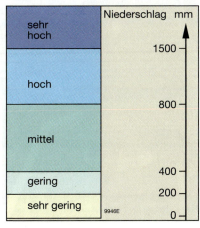

M6 Stufen der Summe der Jahresniederschläge

M7 Regenmesser

Info

Wir errechnen Mitteltemperaturen:

Tagesmitteltemperaturen: Dreimal am Tag um 7 Uhr, 14 Uhr und 21 Uhr werden die Temperaturen gemessen und addiert, der 21 Uhr-Wert wird doppelt gerechnet. Die Summe wird durch 4 geteilt.

Monatsmitteltemperaturen: Die Tagesmitteltemperaturen eines Monats werden zusammengezählt und durch die Anzahl der Tage des jeweiligen Monats geteilt.

Jahresmitteltemperatur: Man zählt die Monatsmitteltemperaturen zusammen und teilt durch 12.

Gewusst wie

Auswertung eines Klimadiagramms

Methode

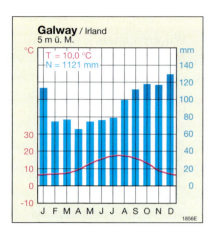

M1 Klimadiagramm Galway

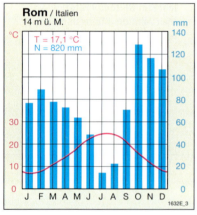

M2 Klimadiagramm Rom

Auswertung eines Klimadiagramms

Für die Auswertung eines Klimadiagrammes gibt es eine Handlungsabfolge, die du dir einprägen musst:

1. **Stelle fest:**
1.1 Lage der Klimastation
   – Höhe über dem Meeresspiegel
   – Lage zum Meer (mithilfe der Atlaskarte)
1.2 Temperatur
   – Jahresdurchschnittstemperatur
   – Jahrestemperaturverlauf
   – Jahrestemperaturschwankung, Monat mit der höchsten und niedrigsten Temperatur
1.3 Niederschlag
   – Jahresniederschlagssumme
   – Verteilung des Niederschlages innerhalb des Jahres
   – trockene und feuchte Monate

2. **Werte aus:**

   Schlussfolgerungen aus den Klimadaten
2.1 Welche Ursachen führen zu den festgestellten Merkmalen?
2.2 Welche Auswirkungen haben diese Merkmale auf den Boden, das Gewässernetz und die Vegetation?
2.3 Ordne die Klimastation der entsprechenden Klima- und Vegetationszone zu.

Aufgaben

1 Vergleiche die Klimadaten von Galway und Rom (M1 und M2). Beachte: Monatsmittel der Temperatur, Jahresgang der Temperatur, Niederschlagssumme und -verteilung.

2 Begründe die unterschiedlichen Temperaturen und Niederschlagsmengen in M1 und M2.

3 Ordne M1 und M2 in die jeweilige Klima- und Vegetationszone ein.

M3 Wetterstation – hier werden die täglichen Wetterdaten aufgezeichnet, diese bilden die Grundlage für die Berechnung von Mittelwerten des Klimas

Wir zeichnen ein Klimadiagramm

Gewusst wie

Methode

Zeichne selbst ein Klimadiagramm

Du hast jetzt eine Menge über Klimadiagramme gelernt. Zeichne selbst ein solches Diagramm!

Gehe folgendermaßen vor:
1. Nimm ein Blatt Millimeterpapier, zeichne die Grundlinie und teile diese in zwölf Monate ein (ein Monat ≙ 1cm).
2. Notiere die Anfangsbuchstaben der Monate unter der Grundlinie.
3. Teile die linke Skala in Temperaturwerte ein (rote Zahlen; 1cm ≙ 10° C). Beachte, ob es Temperaturen unter 0° C gibt.
4. Teile die rechte Skala in Niederschlagswerte ein (blaue Zahlen; 1cm ≙ 20 mm Niederschlag).
5. Gib die Temperaturwerte mit einem Punkt in der Mitte der Monatsspalte an. Verbinde die Punkte zu einer roten Kurve.
6. Gib mit einem Strich die Höhe der Niederschlagsmenge in jedem Monat an, ziehe schmale Monatssäulen und schraffiere sie blau aus.
7. Notiere über dein Klimadiagramm den Namen des Ortes, Höhenlage, Jahresdurchschnittstemperatur und die Summe des Jahresniederschlages der Klimastation.

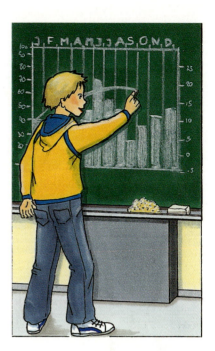

Tromsø/Norwegen 69,9°N/19,0° O 115 m ü. M.													
	J	F	M	A	M	J	J	A	S	O	N	D	Jahr
T (°C)	–3,5	–4,0	–2,7	0,3	4,1	8,8	12,4	11,0	7,2	3,0	–0,1	–1,9	2,9
N (mm)	96	79	91	65	61	59	56	80	109	115	88	95	994

M4 Klimawerte von Tromsø, T = Temperatur, N = Niederschlag

Neapel/Italien 40,9°N/14,3° O 25 m ü. M.													
	J	F	M	A	M	J	J	A	S	O	N	D	Jahr
T (°C)	9,0	9,6	12,0	14,6	18,7	22,2	24,8	25,0	22,1	18,3	13,9	10,9	13,8
N (mm)	93	82	75	67	45	46	16	19	71	130	114	137	895

M5 Klimawerte von Neapel, T = Temperatur, N = Niederschlag

M6 Tromsø

M7 Neapel

Aufgaben

4 Zeichne selbst Klimadiagramme nach den Klimawerten M4 und M5.

5 Werte deine angefertigten Klimadiagramme nach der Handlungsabfolge auf Seite 32 aus.

6 Besorge dir die Klimadaten deines Heimatortes und fertige ein Klimadiagramm an.

Meeresnähe, Meeresferne und Meeresströmungen

M1

Kalte und warme Meeresströmungen

Aus eigener Erfahrung weißt du, dass im März trotz gelegentlich hoher Lufttemperaturen das Baden in Nord- oder Ostsee keine Freude macht. Andererseits empfindest du oft die Wassertemperatur an einem kühlen Spätsommertag als angenehm.

Wasser reagiert nicht so schnell auf Temperaturveränderungen wie Luft. Es erwärmt sich in unserer Klimazone langsam, hält aber die gespeicherte Wärme länger. Je näher ein Ort am Meer liegt, desto kühler sind in der Regel die Sommer und entsprechend milder die Winter. Küstenferne Gebiete dagegen sind im Winter relativ kalt und im Sommer sehr warm. Die Meere mit ihren unerschöpflichen Wassermassen stellen riesige Wärmespeicher für die angrenzenden Landgebiete dar.

Das Wasser der Weltmeere befindet sich in ständiger Bewegung. Dabei werden große Mengen Wasser über weite Entfernungen transportiert. Nach dem Herkunftsgebiet unterscheidet man deshalb warme und kalte Meeresströmungen. Warme Meeresströmungen haben ihren Ursprung in der Regel im Äquatorialgebiet, kalte kommen unter anderem aus den Polargebieten.

Auf der Karte werden warme Meeresströmungen durch einen roten Pfeil, kalte durch einen blauen Pfeil in der Fließrichtung dargestellt. Dort, wo warme und kalte Meeresströmungen aufeinander treffen, entstehen große Nebelbänke. Besonders häufig wird dies vor der Ostküste Nordamerikas sichtbar. Dort treffen der kalte Labradorstrom und der warme Golfstrom aufeinander.

Aufgabe

1 Werte die Karte M2 aus. Notiere die kalten und warmen Meeresströmungen.

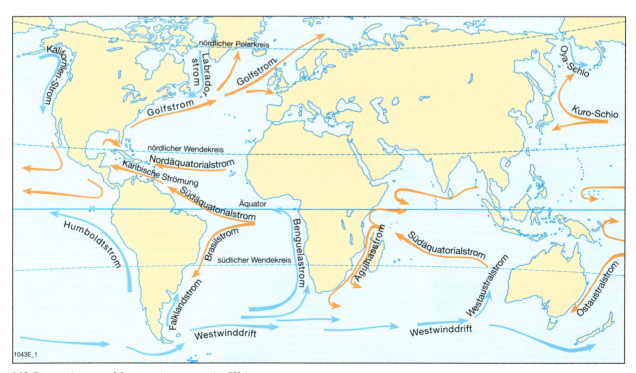

M2 Die wichtigsten Meeresströmungen der Weltmeere

Klima und Vegetation in Europa

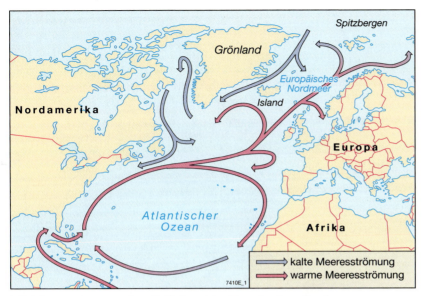

M3 Meeresströmungen im nördlichen Atlantik und seinen Randmeeren

Aufgaben

2 Begründe die Bezeichnung „Warmwasserheizung Europas" für den Golfstrom.

3 Beschreibe den Verlauf des Golfstroms auf der Karte (M2) und erkläre die unterschiedlichen Temperaturen.

4 Erkläre, warum es in Narvik wärmer als in Luleå ist (Atlas, M3).

5 Nenne Auswirkungen des Golfstroms auf die Fischereiwirtschaft und die Schifffahrt Norwegens und Schwedens.

6 Überlege, was passieren würde, wenn der Golfstrom nicht mehr bis nach Europa käme?

Der Golfstrom – eine Warmwasserheizung

An Norwegens Küste gibt es außergewöhnlich viele Siedlungen. Das ist auf das günstige Klima zurückzuführen.

Verantwortlich dafür ist eine warme Meeresströmung – der **Golfstrom**, der den nördlichen Atlantik und die Nordsee zusätzlich aufheizt. Als etwa 150 km breites Band werden gewaltige Mengen warmen Wassers von Westwinden aus dem Golf von Mexiko entlang der amerikanischen Ostküste über den Atlantik an die Nord- und Nordwestküste Europas getrieben. Dadurch ist das Europäische Nordmeer im Jahresmittel etwa acht Grad wärmer als zu erwarten wäre. Das Meerwasser erwärmt die darüber liegende Luft wie eine „Warmwasserheizung", deshalb werden auch die Lufttemperaturen das ganze Jahr über drastisch erhöht. Der Golfstrom bewirkt, dass die Häfen an der Nordküste Skandinaviens im Winter eisfrei bleiben.

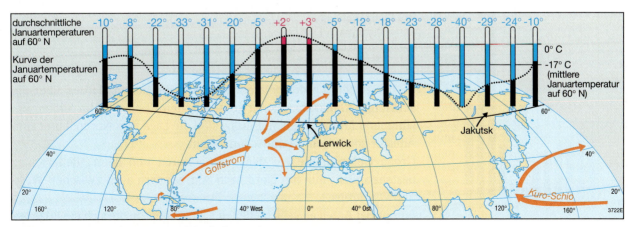

M4 Der Einfluss des Golfstroms auf die Lufttemperaturen

Klima und Vegetation Europas

Aufgaben

1 Werte die Klimadiagramme aus und bestimme die Klimazonen, in denen die Stationen liegen (Atlas).

2 Ordne die Vegetationszonen M5 bis M7 den Klimastationen zu (vgl. S. 28/29).

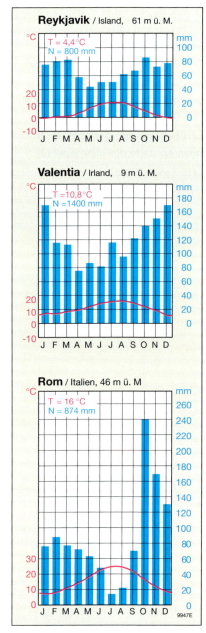

M1 Klimadiagramme

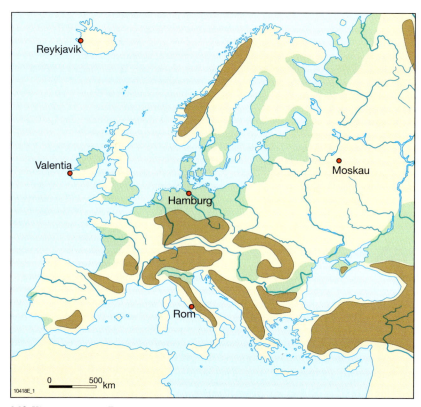

M2 Klimastationen Europas

M3 Klimadiagramme

Klima und Vegetation

Europa reicht von der polaren Klimazone im hohen Norden über die gemäßigte Klimazone bis zur subtropischen Klimazone im Süden. Bestimmend für das Klima in Europa sind die Lage zum Nordpol und zum Äquator sowie zum Atlantischen Ozean.

Große Unterschiede bei den Temperaturen und beim Niederschlag bestehen nicht nur von Nord nach Süd, sondern auch zwischen West- und Osteuropa.

Europa hat Anteil an verschiedenen Klimazonen, an die sich die Pflanzen angepasst haben und natürliche Vegetationszonen bilden (S. 28/29).

Klima und Vegetation in Europa

M4 Tundra
- Rentierflechte
- Heidelbeere
- Gräser, Moose
- Zwergenwuchs
- Dauerfrostboden

M5 Laub- und Mischwaldzone
- Bäume werfen im Herbst ihr Laub ab und entfalten im Frühjahr neues Laub

M6 Borealer Nadelwald – helle Taiga
- immergrüne Gehölze
- Fichte, Kiefer, Tanne, Lärche

M7 Hartlaubgewächse
- immergrünes, kleinblättriges Hartlaub
- kleine, lederartige Blätter

Info

Borealer Nadelwald

Der Begriff „boreal" kommt aus dem Griechischen – „boreas" und bedeutet Nordwinde.
Der boreale Nadelwald gehört zu den immergrünen Waldländern der Erde. Er ist ein artenarmer, langsamwüchsiger Nadelwald auf der Nordhalbkugel und bildet die größte Vegetationszone der Erde.

Aufgaben

3 Pflanzen sind gute Klimaanzeiger. Begründe diese Aussage mithilfe der Fotos.

4 Erläutere, wie sich die Vegetation in Europa von Nord nach Süd verändert.

In der Tundra

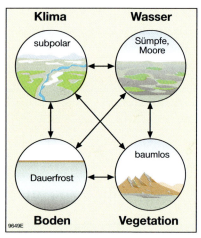

M1 Zusammenhänge in der Tundralandschaft

Der Norden Europas

Die Zone der **Tundra** (auf Finnisch tunturi) bedeutet „kuppige unbewaldete Hügel"; flache, waldlose Gipfel. Sie schließt sich nach Süden an die polare Kältewüste an. Diese Zone ist nur auf der Nordhalbkugel vertreten. Die Eurasische Tundra ist ein bis zu 200 km breiter Streifen, der sich vom nördlichen Europa entlang der sibirischen Nordpolarküste bis zur Behringstraße erstreckt. Auffallendstes Merkmal der Vegetation der Tundra ist die Wald- und Baumlosigkeit. Zwergsträucher, die feuchte Stellen bevorzugen, und Flechten, die an trockenen, sandigen Flächen zu finden sind, charakterisieren den niedrigen Pflanzenwuchs.

M2 Vegetationszonen in Skandinavien

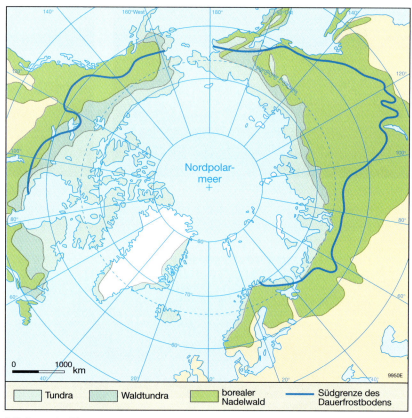

M3 Lage der Tundra

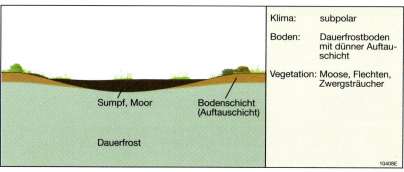

M4 Profil durch die Tundra

Aufgaben

1 Beschreibe die Lage der Tundra mithilfe der Karte (M3) und des Atlas.

2 Belege, dass das Leben der Tundrenbewohner sowohl im Winter als auch im Sommer nicht einfach ist.

3 Erläutere die Zusammenhänge zwischen Klima, Wasser, Boden und Vegetation in der Tundra (M1).

Klima und Vegetation in Europa

Leben in der Tundra

Für viele kleine Völker ist die Zone der Tundra Heimatraum. Die in der nordskandinavischen Landschaft „Lappland" beheimateten Samen leben hier als Viehzüchter. Sie wurden früher auch „Lappen" genannt. Die Herden der Samen bestehen aus Rentieren.

Das Ren, auch „das Rind des Nordens" genannt, kann sich als einziges großes Haussäugetier von Gräsern, Moosen und Flechten ernähren. Es war früher Lieferant von Fleisch, Milch, Fellen und Geweihen und wurde als Trag- und Zugtier eingesetzt. Motor-Skooter und Geländefahrzeuge haben das Ren inzwischen als Transportmittel verdrängt. Das Ren ist ein genügsames Tier und wird heute nur noch für die Fleischproduktion gehalten, da die Samen sesshaft geworden sind.

M6 Aus der Tierwelt der Tundra

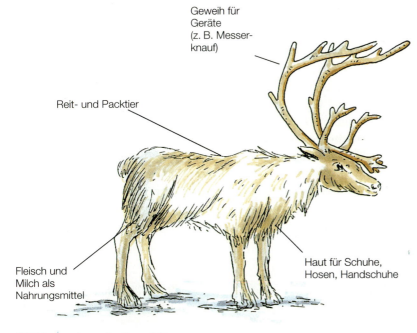

M5 Verwendung des Rens früher

Aufgaben

4 Schlage im Lexikon unter „Samen" oder „Lappen" nach und notiere weitere Informationen.

5 Berichte über die Tierwelt der Tundra (M6).

6 Erläutere die Bedeutung des Rens früher und heute (M5).

Info

Dauerfrostboden

Ganzjährig bis in große Tiefen gefrorener Boden, der nur in den Sommermonaten an der Oberfläche auftaut

Teilweise bis 600 m Tiefe gefroren

Boden taut auf

Dauerfrostboden

J F M A M J J A S O N D

Die Zone der Hartlaubgewächse

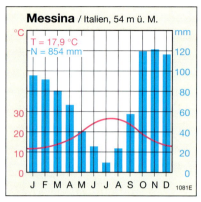

M1 Mittelmeerklima

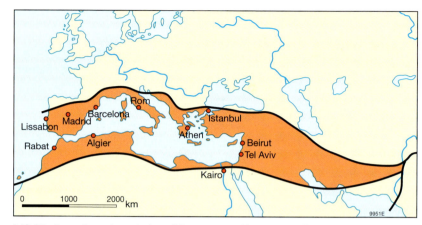

M2 Die Lage der subtropischen Klimazone in Europa und Westasien

Info

arid (lat.: trocken)

Ein Klima wird als arid bezeichnet, wenn mehr Wasser verdunsten könnte als Niederschlag fällt.

humid (lat.: feucht, nass)

Ein Klima wird als humid bezeichnet, wenn mehr Niederschlag fällt als Wasser verdunstet.

Aufgaben

1 Beschreibe die Lage der Zone der Hartlaubgewächse in Europa (M2).

2 Werte das Klimadiagramm von Messina aus. Stelle dabei die Merkmale für Sommer und Winter heraus (M1).

3 Begründe, weshalb die Zone der Hartlaubgewächse das größte Fremdenverkehrsgebiet Europas ist.

4 Nenne Beispiele, wie sich die Pflanzen an die Sommertrockenheit angepasst haben.

5 Nenne Zimmerpflanzen, die in Südeuropa in freier Natur gedeihen.

In den Subtropen

In der Zone der **Hartlaubgewächse** verläuft das Pflanzenwachstum anders als bei uns. Auf Grund der Niederschlagsverteilung (M1) und der Wärme wachsen die Pflanzen auch im Winter. Diesen klimatischen Bedingungen haben sich die Pflanzen in vielfältiger Weise angepasst. Die Blätter sind klein, dick, lederartig, vielfach wachsüberzogen, behaart oder bilden Dornen. Außerdem besitzen die Pflanzen oft lange Wurzeln, die in die Tiefe reichen.

So sind sie der Sonneneinstrahlung nicht so stark ausgesetzt und gegen Verdunstung geschützt. Man nennt diese Pflanzen Hartlaubgewächse. Zu ihnen gehören zum Beispiel Pinie, Zypresse, Lorbeer, Oleander, Korkeiche und der Olivenbaum. Da sie während des feuchten Winters Wasser aufnehmen, sind sie immergrün und werfen im Herbst keine Blätter ab.

M3 In der Toscana (Italien)

Klima und Vegetation in Europa

M4 Macchie

> **Info**
>
> **Macchie**
>
> Immergrünes Hartlaubdorngebüsch im Mittelmeerraum, bestehend aus Lorbeer, Wacholder, Steineiche, Baumheide.

Die natürliche Vegetation – eine zerstörte Welt

Wie unwiederbringlich die Natur zerstört werden kann, lässt sich besonders im Mittelmeerraum an den natürlichen Vegetationsformen erkennen.

Ursprünglich bildeten die Hartlaubgehölze ausgedehnte Wälder. Durch Abholzen (Bauholzgewinnung), Waldbrände und starke Beweidung wurden diese übernutzt und bis auf geringe Reste nahezu vollständig vernichtet. Unter den gegebenen klimatischen Bedingungen haben sich in der Folge „Ersatzgesellschaften" von Pflanzen ausbilden können. So breitet sich heute ein verbuschtes und undurchdringliches Dorngestrüpp, die Macchie auf einst bewaldeten Flächen aus.

Trotz gestiegenem Umweltbewusstsein ist die Vegetation auch heute gefährdet, denn jährlich werden noch bestehende Waldbestände durch Brände zerstört.

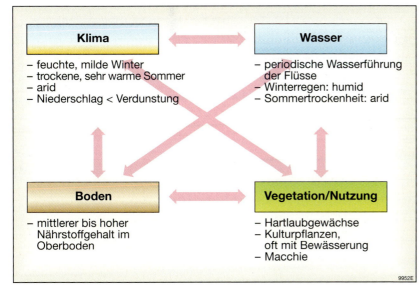

M5 Wechselseitiger Einfluss zwischen Klima, Wasser, Boden und Vegetation

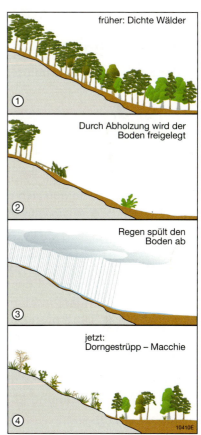

M6 Eingriff des Menschen in die Natur und seine Folgen

Aufgaben

6 Erkläre Ursachen und Folgen der Waldabholzung in Mitteleuropa mithilfe des Textes und M6.

7 Werte M5 aus und erläutere die Zusammenhänge zwischen Klima, Wasser, Boden und Vegetation.

Alles klar?

Ergänze den Lückentext

In Skandinavien herrschen unterschiedliche Klimaverhältnisse. An der norwegischen Küste ist es deutlich ____1____ als im Bereich der nördlichen Ostsee. Dort ist es sehr viel ____2____. Die Ursache für den Temperaturunterschied ist der ____3____. Das warme Wasser erwärmt die ____4____, so sind die Winter ____5____, die Küste bleibt ____6____, ____7____ und ____8____ sind ganzjährig möglich. Die Häfen in der nördlichen Ostsee sind im Winter zugefroren.

(mild – Luft – wärmer – Fischerei – kälter – Schifffahrt – eisfrei – Golfstrom)

Fuchsaufgabe:

Der Fuchs ist ein Warmblüter. Die Ohren des Fuchses sind sehr gut durchblutet.

Warum unterscheiden sich die drei Fuchsarten vom Aussehen?
Finde den Artnamen der Füchse heraus (Lexikon).

Lösungswort gesucht

Finde die Lösungen. In Klammern hast du Hinweise, aus wie vielen Buchstaben das Lösungswort besteht. Die Anfangsbuchstaben ergeben von oben nach unten gelesen einen geographischen Begriff. Übertrage das Rätsel in dein Heft. Viel Erfolg!

Hauptwachstumszeit (15)
Kontinent (6)
warme Meeresströmung (9)
Laubbaum (5)
fehlender Niederschlag (11)
Nordpolarraum (6)
Vegetationszone (6)
nicht laubabwerfend (9)
Ölfrucht (5)
Tanne, Fichte (10)
Klimazone (9)
Hartlaubgewächs (8)
Weltmeer (5)
Klimaelement (12)
kaltes Treibgut im Meer (7)

Alles klar!

Klima und Vegetation in Europa

Europa hat an mehreren Klima- und Vegetationszonen Anteil:

Klimazone	Lage in Europa	Merkmale	Vegetationszone
subpolare Klimazone	im Norden	lange Winter, kurze Sommer	Tundra
gemäßigte Klimazone	zwischen der subpolaren und subtropischen Klimazone	Jahreszeiten: Frühling Sommer Herbst Winter	Borealer Nadelwald Laub- und Mischwaldzone Steppe
subtropische Klimazone	im Süden (Mittelmeerraum)	Regenzeiten und Trockenzeiten	Hartlaubgewächse

Klima

Klima ist die Gesamtheit der Witterungsabläufe in der Atmosphäre an einem bestimmten Ort über einen längeren Zeitraum. Will man das Klima verstehen, muss man Klimaelemente und Klimafaktoren untersuchen.

Vegetation

Pflanzen brauchen zum Wachstum Nährstoffe, Wasser, Wärme und Licht. Die natürliche Vegetation ist vor allem vom Boden und vom Klima abhängig. In Gebieten mit ähnlichem Klima hat sich meist auch eine ähnliche Vegetation herausgebildet. Gebiete mit gleichartiger Vegetation und zahlreichen gemeinsamen Merkmalen nennt man Vegetationszonen.

Das Wichtigste kurz gefasst:

www

www.datenbank-europa.de
www.school-scout.de
www.klimadiagramm.de

Grundbegriffe:

Rotation
Klima
Klimazone
Vegetationszone
Wetter
Klimadiagramm
Golfstrom
Tundra
borealer Nadelwald
arid
humid
Hartlaubgewächse

Im Norden Europas

Räumliche Orientierung   46

Im glazialen Abtragungsgebiet   48

Norwegens Fjorde   50

Im glazialen Ablagerungsgebiet   52

Gewusst wie:
Wir arbeiten mit Profilskizzen   53

Die glazial geformte Landschaft heute   54

Die Nutzung des Rohstoffes Holz   56

Scandinavian Feeling   58

Alles klar?   60

Alles klar!   61

M1 An der norwegischen Küste (Lofoten)

Räumliche Orientierung

Wie heißen die Länder und ihre Hauptstädte, die hier beschrieben werden?

Im Norden Europas

Nordeuropa und die baltischen Staaten

Zu Nordeuropa gehören Norwegen, Schweden und Finnland, die auf der Skandinavischen Halbinsel liegen. Auch unser Nachbarland Dänemark zählt zu Nordeuropa und schließlich Island, der Inselstaat, der im Atlantik liegt. Die Länder Estland, Lettland und Litauen werden zusammenfassend baltische Staaten genannt.

Nordeuropa weist viele Besonderheiten auf. In dem Gebiet zwischen dem nördlichen Polarkreis und dem Nordpol bleibt es im Sommer 24 Stunden hell, es herrscht Polartag. Weil es sogar um Mitternacht hell ist, spricht man auch von der Mitternachtssonne. Fröhliche Feste werden gefeiert. Die Zeit des langen dunklen Winters mit der Polarnacht ist schnell vergessen.

Nordeuropa hat viele Reichtümer. In der Nordsee werden Erdöl und Erdgas gefördert. Es gibt reiche Fischgründe und eine beachtliche Menge an wertvollem Holz.

Viele Touristen sind von der Schönheit und Eigenart der nordischen Landschaft begeistert. Beeindruckend sind die steilwandigen, tiefen **Fjorde**, die riesigen dunklen Nadelwälder, tiefblaue Seen und vom Eis abgeschliffene bucklige Felsen. Und welcher Besucher staunt nicht, wenn ihm auf seiner Reise in den hohen Norden einige neugierige Rentiere oder Elche den Weg zur Weiterreise verstellen?

Auffallend sind die vielen Inseln, die sich vor den Küsten Nordeuropas befinden. Allein an der norwegischen Küste findet man mehr als 150000 dieser glatt geschliffenen Felseninseln. Auch wenn sich nur etwa 2000 dieser Inseln für eine dauerhafte Besiedlung eignen, sind sie bei der norwegischen Bevölkerung sehr beliebt, denn das Leben dort bietet manche Vorteile. Die Küstengewässer vereisen im Winter nicht und das Klima ist angenehm mild.

Aufgaben

1 Finde heraus, aus welchen Ländern die abgebildeten Kinder kommen (S. 46).

2 Benenne die in M1 eingezeichneten Staaten, Städte, Meere, den Fjord und den See. Trage sie in eine Tabelle ein.

3 Suche die Länder Nordeuropas heraus, die (zum Teil) nördlich des nördlichen Polarkreises liegen.

4 Erkläre Besonderheiten des Lebens in Nordeuropa und deren Ursachen.

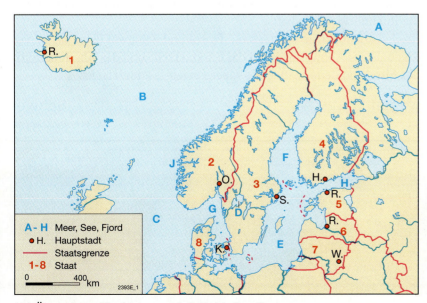

M1 Übungskarte Nordeuropa und die baltischen Staaten

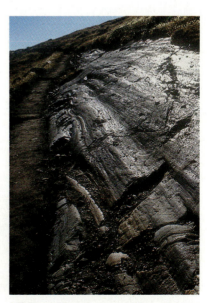

M2 Vom Gletscher geschliffene Felsen

Im glazialen Abtragungsgebiet

M1 Aufbau eines Gletschers im Hochgebirge

M4 Ein Gletscher als Touristenziel

Aufgabe

1 Erkläre die Entstehung der Oberflächenformen in Nordeuropa.

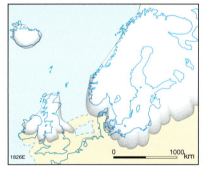

M2 Eisausdehnung vor 12 000 Jahren

Die eiszeitliche Entstehung der Oberflächenformen

Die natürliche Gestaltung der Oberflächenformen in Nordeuropa ist eng mit der Vergletscherung während des Eiszeitalters (Pleistozän) verknüpft. Damals herrschten im Norden Europas ähnliche Temperaturen wie heute in den Polargebieten. Die Niederschläge fielen fast ausschließlich als Schnee. Dieser türmte sich immer höher auf und wurde zu Eis gepresst. Es entstand das so genannte **Inlandeis**. Es drang immer weiter nach Süden vor. Dabei schürfte es mit seinem ungeheuren Gewicht die Landoberfläche ab, nahm Gesteinsmaterial auf und verfrachtete es in andere Gebiete. Nordeuropa stellt daher in weiten Teilen ein eiszeitliches Abtragungsgebiet dar. Spitze Berge wie wir sie aus den Alpen kennen fehlen im Skandinavischen Gebirge völlig. Dagegen findet man Felsbuckel und Felswannen sowie flachwellige Hochflächen, die Rundhöckerlandschaft.

An der Atlantikküste entstand die **Fjord**- und **Schärenküste**. Sie ist das Ergebnis der Abtragung durch das Eis einerseits und des Abschmelzens des Eises und dem Anstieg des Meeresspiegels andererseits.

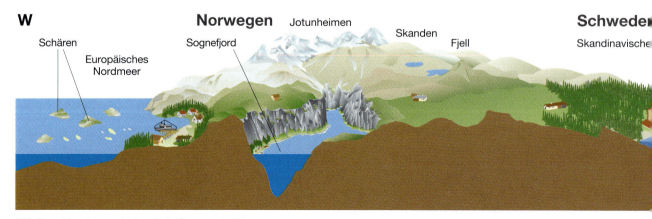

M3 Skandinavien – ein Landschaftsquerschnitt

Im Norden Europas

Rundhöcker und Schären

Rundhöcker, auch Rundbuckel genannt, sind von Gletschern abgeschliffene Felsen. An der Skandinavischen Küste liegen etwa 150 000 Felseninseln, die die Form eines Rundhöckers aufweisen. Sie werden Schären genannt. Diese sind meist kahl und ragen wie Schildkrötenpanzer aus dem Wasser.

Das Fjell

Das Skandinavische Gebirge erstreckt sich in Nord-Süd-Richtung über die Skandinavische Halbinsel. Der höchste Berg erreicht eine Höhe von 2470 m. Während der Eiszeit hobelten die Gletscher die Kuppen und Bergspitzen zu einer Hochfläche, dem Fjell, ab. Das **Fjell** ist karg bewachsen. Moose, Flechten, Wollgräser und Zwergbäume bestimmen das Landschaftsbild.

Die Fjorde

Fjorde sind schmale, lang gestreckte, steilwandige Meeresbuchten, die man vor allem an der Westküste Norwegens findet. Der längste Fjord ist der Sognefjord (über 200 km). Bei den Fjorden handelt es sich um alte Flusstäler, die während der Eiszeit von Gletscherzungen trogartig ausgeschürft wurden.

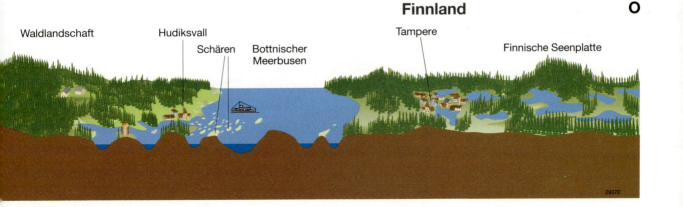

Waldlandschaft — Hudiksvall — Schären — Bottnischer Meerbusen — Finnland — Tampere — Finnische Seenplatte — O

49

Norwegens Fjorde

M1 Die Fjordenküste Norwegens

Norwegens Fjorde

Werden beliebte Urlaubsziele innerhalb Europas genannt, so stehen die norwegischen Fjorde auf einem der vorderen Plätze. Warum? Dieter aus Dresden berichtet:

„Bereits die Einfahrt in den Fjord ist ein Erlebnis. Vor sich sieht man eine tief in das Land hineingreifende Bucht. Sie ist auf beiden Seiten von steilen Hängen begrenzt. Platz für Siedlungen gibt es nun kaum noch. Nur ein paar Häuser schmiegen sich dicht an die Felsen. Immer mehr verengt sich die Bucht zu einer schmalen Durchfahrt. Der Fjord selbst ist unbeschreiblich schön. Er sieht aus wie ein sich schlängelndes Silberband. Kaum vorstellbar, dass er bis zu 1000 m tief ist. Das ist viel tiefer als die tiefsten Stellen der Ost- oder Nordsee. Die Angler unter uns freuen sich schon auf eine reiche Beute, die ihnen das glasklare, saubere Wasser verspricht. Es werden Seefische sein, die sie angeln, denn mit dem Anstieg des Meeresspiegels in der Nacheiszeit gelangte Seewasser in das ehemalige Flusstal und bietet den Fischen einen idealen Lebensraum.

Unser Schiff fängt an zu schaukeln. Ganz so harmlos ist das Gewässer also nicht. Ein Wasserfall stürzt tosend von einem Felsen herab. Böiger Fallwind kann dem kleinen Boot neben uns gefährlich werden. Hinter einer Biegung wird es wieder ruhig, der Fjord windet sich tiefer in das felsige Land hinein. Plötzlich öffnet sich vor uns eine größere Siedlung. Dort, wo aus einem Seitental ein Fluss in den Fjord mündet, gibt es genügend Platz für die Menschen. Erstaunt sehen wir, dass sich um die Ortschaft trotz der nördlichen Lage Obstplantagen erstrecken. Ursache ist der Einfluss des Golfstromes, der die Luft erwärmt.

Ein Postschiff kommt uns entgegen, beladen mit Briefen, Paketen und Waren. Auch einige Passagiere fahren mit. Nach einem festen Fahrplan beliefert das Postschiff auch die entferntesten Winkel.

Wir wollen den Vörsingfosser Wasserfall besuchen. Diese bekannte Touristenattraktion erreichen wir mit dem Trollzug. Er bietet 54 Passagieren Platz und verkehrt von Juni bis September täglich. Der Trollzug fährt nicht auf Gleisen, sondern überwindet die 500 m Höhenunterschied in einer wildromantischen Fjordlandschaft auf der Straße."

Aufgaben

1 Beschreibe die Fjordlandschaften (M3, M4).

2 Suche die Namen von drei Fjorden heraus und vergleiche ihre Länge mit Entfernungen zwischen sächsischen Städten (Atlas).

3 Beschreibe mithilfe von M3 die Entstehung eines Fjords.

M2 Norwegisches Postschiff

Im Norden Europas

① Vor dem Eiszeitalter (vor 1,5 Mio. Jahren): Ein Fluss hat ein tiefes Tal in das Gestein gegraben.

② In das Flusstal drang während der Eiszeit Gletschereis. Das Eis hobelte das Tal zu einer U-Form aus.

③ Als es nach der Eiszeit wärmer wurde, taute der Gletscher ab. Flüsse und Seen durchzogen den Talboden.

④ Durch das Abschmelzen der Eismassen stieg der Meeresspiegel. Das Tal wurde überflutet. Ein Fjord entstand.

M3 Entstehung eines Fjords

M4 Sognefjord

Info

Das Pleistozän

Zeitabschnitt der Erdgeschichte, der auch Eiszeitalter genannt wird. Beginn des Eiszeitalters war vor 1,5 Million Jahren. Kaltzeiten wechselten mit Warmzeiten. In den Kaltzeiten gingen die Durchschnittstemperaturen stark zurück, sodass die Niederschläge als Schnee fielen. Im Norden Europas bildete sich das Inlandeis, das langsam in das Europäische Tiefland vordrang. In Nordeuropa entstanden die Oberflächenformen des eiszeitlichen Abtragungsgebietes, im Europäischen Tiefland die des Ablagerungsgebietes.

Im glazialen Ablagerungsgebiet

Eiszeiten – auch in Deutschland ein Thema?

Das Gesteinsmaterial, das die gewaltigen Gletscher im Skandinavischen Gebirge aufnahmen, wurde in mehreren Eisvorstößen nach Süden verfrachtet und beim Abtauen im Europäischen Tiefland abgelagert.

Auch Deutschland wurde im Norden, im heutigen Norddeutschen Tiefland, mehrmals von einem Eispanzer bedeckt, der bis zu 2000 Meter hoch ragte. Dieser transportierte das Gesteinsmaterial, zerrieb und zerkleinerte das unter ihm liegende Gestein und ließ es nach dem Abtauen liegen. So entstanden die **Grundmoränen**, die flach, flachwellig oder kuppig sind. In den Vertiefungen der Grundmoränen haben sich Seen gebildet.

Die **Endmoränen** wurden am Eisrand aufgeschüttet. Alles, was im Eis eingefroren war, blieb als Wall aus Sand, Kies und größeren Steinen liegen. Endmoränen sind hügelig und haben zum Teil steile Hänge.

Das abfließende Schmelzwasser spülte aus den Endmoränen Kiese und Sande aus und lagerte sie großflächig als ebene bis leicht wellige **Sander** wieder ab.

Das Schmelzwasser sammelte sich in großen **Urstromtälern**, bis es schließlich den Eisrand entlang nach Nordwesten abfloss.

Die Aufeinanderfolge der Oberflächenformen Grundmoräne, Endmoräne, Sander und Urstromtal wird als **glaziale Serie** bezeichnet. Die Grundmoränen und Endmoränen entstanden durch die Bewegungen des Eises. Sander und Urstromtal sind durch das Schmelzwasser gebildet worden.

M1 Das Europäische Tiefland

Aufgabe

1 Beschreibe die Vorgänge im Norddeutschen Tiefland während der Eiszeiten.

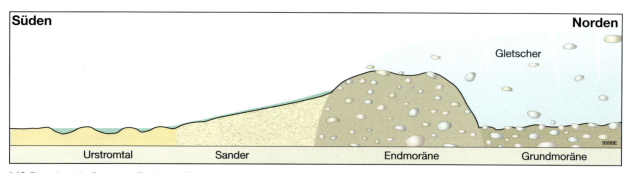

M2 Die glaziale Serie am Ende der Eiszeit

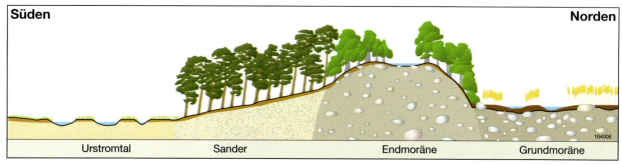

M3 Die glaziale Serie heute

Gewusst wie

Methode

Wir arbeiten mit Profilskizzen

1. Übertragen des Profils
- Lege Transparentpapier auf das Profil.
- Zeichne zuerst die Grundlinie. Nun kannst du den Verlauf des Profils sauber markieren.
- Beschrifte jetzt die einzelnen Teile.

2. Auswerten des Profils
- Beschreibe die einzelnen Teile der glazialen Serie. Beginne im Norden.
- Nenne die Merkmale der Teilabschnitte der glazialen Serie.
- Beschreibe die Entstehung der glazialen Serie. Verwende auch den Text.

3. Anfertigung einer Tabelle
- Übertrage die Tabelle in dein Heft.
- Ergänze die einzelnen Spalten der Tabelle.
- Ordne die Fotos den Teilen der glazialen Serie zu. Nenne ihre bevorzugte Nutzung.

Teil der glazialen Serie	Urstromtal	Sander	Endmoräne	Grundmoräne
Relief		schwach geneigte Fläche		eben bis kuppig
Entstehung durch		Schmelzwasser	Eis	
Nutzung	Wiesen und Weiden		Buchen-Mischwald	

Die glazial geformte Landschaft heute

Aufgaben

1 Beschreibe und begründe die Nutzung der einzelnen Teile der glazialen Serie.

2 Erläutere, weshalb Findlinge aus Skandinavien im Norddeutschen Tiefland zu finden sind.

3 Erkläre, wie die Lössgebiete entstanden sind.

4 Fertige eine Tabelle an:

glaziales Abtragungsgebiet	glaziales Ablagerungsgebiet
…	…

Trage alle Oberflächenformen ein.

Die glazial geformte Landschaft heute

Überall im Norddeutschen Tiefland findet man die Spuren der Eiszeiten. Das vom Eis abgelagerte Gesteinsmaterial wird als Geschiebe bezeichnet. **Findlinge** nennt man die großen teilweise mannshohen Steine, die von Gletschern aus Skandinavien heran transportiert worden sind. Auf manchen sieht man deutliche Schleif- und Kratzspuren, die so genannten Gletscherschrammen.

Das ehemalige Grundmoränengebiet wird heute ackerbaulich genutzt. Auf dem von den Gletschern fein zerriebenen Material entwickelten sich fruchtbare Böden. Auf den Endmoränen mit ihren steinigen, groben Ablagerungen wachsen vor allem Buchen-Mischwälder. Im Sandergebiet haben die Menschen vorwiegend Kiefernforste angepflanzt. Die Böden sind wegen ihrer Nährstoffarmut und ihrer Wasserdurchlässigkeit wenig ertragreich. In den ehemaligen Urstromtälern liegt der Grundwasserspiegel sehr hoch. Hier findet man vor allem Wiesen und Weiden. Soll Gemüse angebaut werden, muss der Boden erst entwässert werden.

Die Seenlandschaft im Nördlichen Landrücken bietet gute Voraussetzungen zur Erholung und Entspannung. Eine beliebte Urlaubsgegend ist beispielsweise die Mecklenburger Seenplatte.

Die glazialen Formen sind im südlichen Teil des Tieflandes, wie zum Beispiel in Sachsen, nicht mehr so gut zu erkennen. Unser Gebiet war schon tausende von Jahren früher als der Norden des Tieflandes vom Eis bedeckt. Somit hatten die Naturkräfte wie Wind, Frost und Wasser länger als im Norden Zeit, die glazialen Formen abzutragen. Die Hügel wurden flacher, und die Seen verlandeten. Oft zeugen nur noch die am Rand der Felder aufgehäuften Findlinge vom Wirken gewaltiger Naturkräfte in vergangenen Zeiten.

M2 Findlinge aus dem Norddeutschen Tiefland mit Schleifspuren des Gletschers

Im Norden Europas

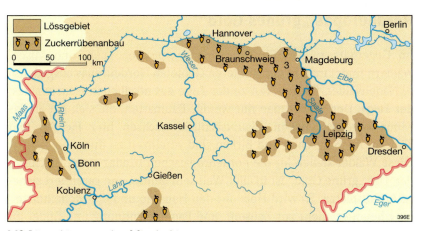

M2 Lössgebiete vor den Mittelgebirgen

Lössgebiete Deutschlands

Während am Ende der Eiszeit große Teile des Norddeutschen Tieflandes noch pflanzenlos waren, wuchsen in den eisfreien Gebieten am Nordrand der Mittelgebirge bereits wieder Gräser und Kräuter. Der kalte Wind, der aus Norden kam, blies aus den Ablagerungen feinste Körnchen aus und transportierte sie nach Süden. Diese Staubkörnchen lagerten sich im Vorland der Mittelgebirge ab. Nach und nach bildeten sich dicke Schichten. Dieses Gesteinsmaterial ist kalkhaltig und wird als Löss bezeichnet. Zum Lössgürtel Deutschlands gehören beispielsweise die Kölner Tieflandsbucht, die Magdeburger Börde und die Lommatzscher Pflege.

Die Lössgebiete haben fruchtbare Böden, wie die Schwarzerde, die ihren Namen auf Grund ihrer dunkelfarbigen Humusschicht erhielt. Dank ihres Nährstoffreichtums ist die Schwarzerde für die Landwirtschaft hervorragend geeignet. Auf ihr werden Weizen und Zuckerrüben angebaut.

> ### Info
>
> **Löss**
>
> Staubfeines Gestein, das in der Nacheiszeit von Nordwinden aus der glazialen Serie ausgeweht und am Rand der Mittelgebirge wieder abgelagert wurde. Löss ist sehr kalkhaltig und von gelblich-bräunlicher Farbe.
>
> **Humus**
>
> Dunkler Bestandteil des Bodens, der sich aus Pflanzen- und Tierresten gebildet hat. Je größer der Humusanteil, desto fruchtbarer ist der Boden.
>
> **Schwarzerde**
>
> Auf Löss gebildeter Bodentyp mit hoher Fruchtbarkeit. Schwarzerde hat einen hohen Humusanteil, ist gut durchfeuchtet und durchlüftet.

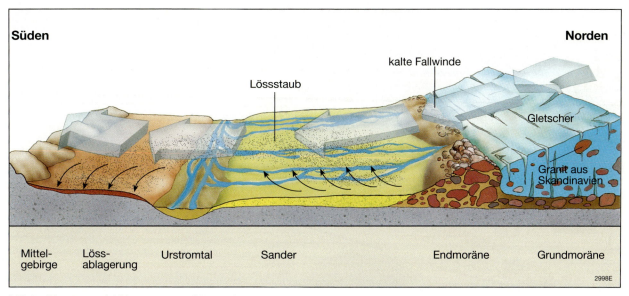

M3 Ausblasung und Ablagerung von Lössstaub

Die Nutzung des Rohstoffes Holz

Nordeuropas „grünes Gold"

Im Gegensatz zu den für Deutschland typischen Laub- und Mischwäldern findet man in den kühleren Gebieten Nordeuropas ausgedehnte Nadelwälder. Sie gehören zu der Zone des nördlichen Nadelwaldes, der Taiga. Dort findet man nur wenige Baumarten, die sich gut an das Klima angepasst haben. Hauptsächlich wachsen hier Fichten und Kiefern. Auch Lärchen und Birken sind vereinzelt zu finden.

Diese Wälder stellen für die nordeuropäischen Länder einen Reichtum dar. Das „grüne Gold" ist in aller Welt sehr gefragt und garantiert sichere Arbeitsplätze. So wird Holz für den Hausbau und die Möbelherstellung benötigt, dient zur Zellstoff- und Papiergewinnung und findet im Fahrzeug- und Schiffbau Verwendung.

M1 Vegetationszonen und Baumartengrenzen

Holzeinschlag

Wenn der Boden gefroren ist, können Forstarbeiter oder Bauern mit dem Holzeinschlag beginnen, denn ab Mitte Oktober sinken die schweren Maschinen nicht mehr in den oft morastigen Boden ein. Holzfäller wohnen in der Zeit des Holzeinschlags in Holzhütten an Ort und Stelle. Die schlagreifen Bäume werden gekennzeichnet und planmäßig unter Beachtung der Sicherheitsvorschriften gefällt. Die schwere Arbeit erledigen heute Fällmaschinen. Diese greifen sich einen Baum, sägen ihn knapp über dem Boden ab und schreddern blitzschnell die Äste vom Stamm. Danach teilt die Maschine den Stamm in Stücke und schichtet diese zu einem Stapel auf.

M2 Zellulose- und Papierfabrik Kuusanniemi – eine der drei Fabriken in Kuusankoski

Im Norden Europas

M3 Holz wird geflößt

M4 Beim Pflanzen

Der Transport des Holzes

Ein Teil des geschlagenen Holzes wird mit riesigen Holztransportfahrzeugen abgeholt. Die bessere und umweltschonendere Methode ist das Flößen des Holzes ab Mitte Mai, wenn die Flüsse eisfrei sind. Die Flößerei ist aber in den letzten Jahren zurückgegangen, weil neue Stauwerke an den Flüssen Hindernisse bilden.
Die wichtigsten Abnehmer für finnisches Holz sind Deutschland, Großbritannien und die skandinavischen Nachbarländer.

Vorausschauend handeln

Um den Reichtum auch in Zukunft zu garantieren, sind die Nordeuropäer an einem nachhaltigen Holzzuwachs sehr interessiert. Wir fragen Förster Koiranta, was darunter zu verstehen ist.
„Nachhaltigkeit bedeutet, dass die Holzerzeugung nie unterbrochen werden darf. An die Stelle alter Waldbestände, die gerodet werden, müssen sogleich Jungbestände von mindestens gleicher Menge treten. In den vergangenen Jahrzehnten wurde diese Erkenntnis leider nicht berücksichtigt. Der Waldbestand wurde kleiner.
Man muss bedenken, dass ein Baum in unserem kalten und nährstoffarmen Gebiet fast 100 Jahre braucht, um einen Stammdurchmesser von 20 cm zu erreichen. In Deutschland dagegen benötigt der Baum für die gleiche Stärke nur 40 Jahre. Da aber langsam wachsendes Holz aus dem Norden viel fester ist, wird es sehr gern in der Möbelindustrie verarbeitet."

Aufgaben

1 Suche im Atlas weitere Länder, die zur nördlichen (borealen) Nadelwaldzone gehören.

2 Nenne Flüsse in Nordeuropa, an denen Wasserkraftwerke liegen (Atlas).

3 Erläutere, was nachhaltige Forstwirtschaft bedeutet.

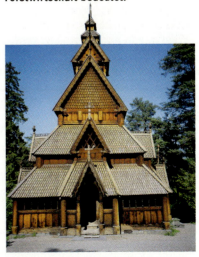

M5 Stabkirche in Schweden

Scandinavian Feeling

Aufgaben   Eine Tournee durch Europa

1 Bestimme mithilfe von M1 und M2 den Verlauf der Tournee. Erstelle dazu eine Tabelle.

Konzert	Gastspielort	Staat
1	Amsterdam	Niederlande
...	...	...

2 Wo findet man die folgenden Konzerthallen: The Marquee Club, Alabama, Club K4, Rotown, Top Rank, Orpheum, Apresenta?

3 Bestimme die Staaten Europas, die die Band nicht besucht und deren Hauptstädte (M1).

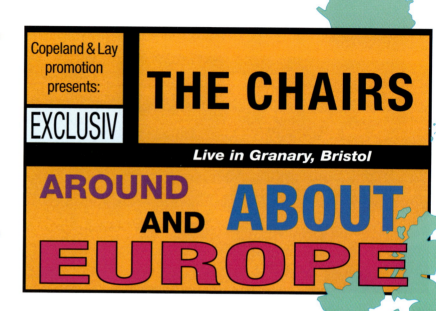

Sie nennen sich „The Chairs", auf deutsch „die Stühle". Die Heimat der vier jungen Musiker ist Luleå, die nordschwedische Hafenstadt. Mit „Daughter of Midnight Sun", ihrem ersten Hit, hielt sich die Band aus Skandinavien wochenlang in vielen Hitparaden Europas. Nun gehen die „Chairs" auf eine große Europa-Tournee. „Scandinavia rocks – around and about Europe", so lautet das Motto der Tour. In 26 Gastspielorten und 17 Ländern stellt die Band nun ihr erstes Album vor. Es heißt „Songs of Northern Lands". In den Stücken der „Chairs" spiegelt sich die Herkunft der Gruppe aus Nordeuropa wieder. „66,5°-Polcirkeln" ist ein bekanntes Lied des ersten Albums. In diesem Titel treffen sich Gestalten aus verschiedenen **Landschaften** Skandinaviens zu einem Fest der Mitternachtssonne. Da tanzen und singen die Hexen **Dalarna** und **Gudbrandsdal**, die Trolle **Norr**, **Jämt** und **Lapp**, der Wassermann **Värm**, die Feen **Göta** und **Svea**, der Gnom **Tele** und die Elfe **Finn**.

- 1-28 Gastspielorte (Tourneeverlauf)
- Hauptstadt (mit Anfangsbuchstaben)

Finde heraus, in welchen Landschaften Skandinaviens die genannten Hexen, Feen, die Wald- und Wassergeister zu Hause sind (Atlas, Karte: Nordeuropa – physisch). Lege eine Tabelle an:

Name der Gestalt	Landschaft	Stadt	Land
Fee Svea	Svealand	Ludvika, Uppsala	Schweden
Troll Lapp	....	....	....

M1 Europatournee „The Chairs" (Verlauf und Gastspielorte)

Im Norden Europas

Konzert Nr.	Gastspiel-ort	Konzerthalle
1	A.	Paradiso
2	R.	Rotown
3	Sh.	City Hall
4	D.	University
5	L.	The Marquee Club
6	Br.	Granary
7	S.	Top Rank
8	B.	Forest Nacional
9	F.	Batschkapp
10	Ma.	Rosengarten
11	Mü.	Alabama
12	Pi.	Sporthalle
13	Pr.	Danuvia Hall
14	W.	Rockhaus
15	La.	Club K4
16	V.	Stagione Remiera
17	Z.	Volkshaus
18	G.	PTR
19	P.	Le Palace
20	Ly.	Le chat bleu
21	Ma.	La Luna Nuova
22	R.	Harlequin
23	At.	Orpheum
24	Wa.	Tempodrom
25	Bu.	Agora
26	Z.	Music Hall
27	Ba.	Tierra Templada
28	Li.	Apresenta

M2 Konzerthallen in Großstädten Europas (Auswahl)

Alles klar!

Räumliche Orientierung

Zu Nordeuropa gehören Norwegen, Schweden, Finnland, Dänemark, Island. Estland, Lettland und Litauen sind die Baltischen Republiken, die ihrer Lage nach zwar zu Osteuropa gehören, sich aber kulturell Nordeuropa zugehörig fühlen.

Im glazialen Abtragungsgebiet

Nordeuropa stellt in weiten Teilen ein eiszeitliches Abtragungsgebiet dar. Das Inlandeis schürfte während der Eiszeit die Landoberfläche ab. Es entstanden Fjorde, Schären, Rundhöcker und das Fjell.

Im glazialen Ablagerungsgebiet

Das Norddeutsche Tiefland stellt als Teil des Europäischen Tieflandes ein eiszeitliches Ablagerungsgebiet dar. Es entstand die glaziale Serie mit Grundmoräne, Endmoräne, Sander und Urstromtal.
Die Teile der glazialen Serie werden heute je nach Relief, Bodenbeschaffenheit und Feuchtigkeit unterschiedlich genutzt.

Lössgebiete Deutschlands

Während der Eiszeit bliesen starke Nordwinde feinste Körnchen aus der glazialen Serie aus und transportierten sie nach Süden. Vor dem Nordrand der Mittelgebirge blieb dieser Lössstaub liegen. Der so genannte Lössgürtel Deutschlands entstand. Auf dem Löss bildeten sich fruchtbare Böden, zum Beispiel die Schwarzerde. Deswegen werden diese Gebiete bevorzugt ackerbaulich genutzt.

Die Nutzung des Rohstoffes Holz

In Nordeuropa findet man in den kühleren Gebieten ausgedehnte Nadelwälder, die Taiga. Diese Wälder stellen für die Nordeuropäer einen Reichtum dar. Deshalb bezeichnen sie die Nadelwälder als das „grüne Gold". Um diesen Reichtum auch für die Zukunft zu sichern, wird eine nachhaltige Holzwirtschaft betrieben, das heißt nach der Rodung erfolgt unmittelbar die Wiederaufforstung.

Das Wichtigste kurz gefasst:

WWW

www.gus.bb.bw.schule.de/hp6c/erdkunde/europa/nordeu/nordeuro.htm

http://satgeo.zum.de/infoschul/information/Erdkunde/Serie.htm

www.gn.hd.bw.schule.de/glazial.htm

www.webgeo.de

Grundbegriffe

Inlandeis
Fjord
Schärenküste
Fjell
Grundmoräne
Endmoräne
Sander
Urstromtal
glaziale Serie
Findling

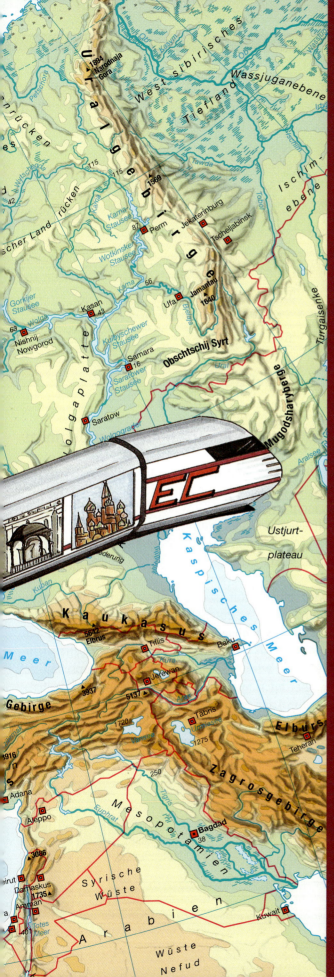

Europa zwischen Atlantik und Ural

Räumliche Orientierung	64
Klimatypen von West nach Ost	66
Vegetationszonen von West nach Ost	68
In der Zone der Steppen	70
Das Ballungsgebiet Mittelengland	72
Im französisch-deutschen Grenzgebiet	76
Oberschlesisches Industriegebiet	80
Global City London	84
Die französische Hauptstadt Paris	88
Moskau - eine Stadt im Wandel	92
Moskau in zwei Tagen	94
Niederlande	96
Gewusst wie: Wir werten Satellitenbilder aus	98
Alles klar?	102
Alles klar!	103

M1 Mit dem Zug quer durch Europa

Räumliche Orientierung

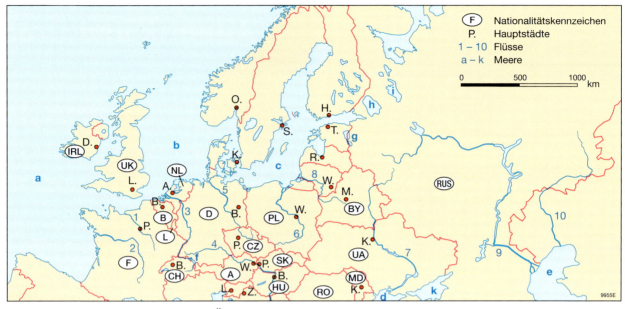

M1 Europa zwischen Atlantik und Ural – Übungskarte

Mit der Eisenbahn durch Europa – die Fahrt beginnt!

Unternehmen wir eine Reise vom Atlantik zum Ural! Unser Eurocity (EC-Zug) steht bereit. Dieser grenzüberschreitende Fernschnellzug, dessen Linien von mehreren mittel- und westeuropäischen Eisenbahngesellschaften betrieben werden, verbindet wichtige europäische Städte miteinander. Auf seinem langen Weg durchquert er viele Länder, große Städte, davon mehrere Hauptstädte. Einige davon werden wir besuchen.

Die Landschaft wird abwechslungsreich sein und uns viele neue Eindrücke vermitteln. Unser Zug durchfährt Tiefländer und über- oder unterquert viele Flüsse sowie bedeutende Ströme. Wir passieren alte und neue Industriegebiete und ausgedehnte landwirtschaftliche Flächen. Überall werden wir die fleißige Arbeit der Menschen zu sehen bekommen, aber auch manchmal den negativen Einfluss ihres Schaffens auf die Natur. Lang wird unsere Fahrt sein, schließlich werden wir tausende von Kilometern zurücklegen, ehe unser Eurocity an der Grenze zu Asien, dem Ural, ankommt. Wünschen wir uns allen eine „Gute Fahrt!"

Aufgaben

1 Benenne die in M1 eingezeichneten Staaten, Städte, Gebirge, Flüsse, Seen und Meere. Lege dazu eine Tabelle an.

2 Miss die Entfernung von London nach Jekaterinburg im Ural.

3 Beschreibe die Lage der Städte Paris und Budapest innerhalb ihrer Länder und Europas.

Europa zwischen Atlantik und Ural

M2 Holländische Windmühle

M3 Hohe Tatra und ihr slowakisches Vorland

Stationen an der Strecke

In den Niederlanden wird der Wind seit Jahrhunderten als kostenlose und unerschöpfliche Energiequelle genutzt. Es gibt hier viele Windmühlen.
Die Hohe Tatra ist der höchste Teil der Karpaten und das kleinste Hochgebirge Europas. Sie liegt fast in der Mitte Europas und hat ein ähnliches Aussehen wie die Alpen.
Das Riesenrad im Wiener Vergnügungspark, dem Prater, dreht sich schon seit 1897 und bietet aus einer Höhe von mehr als 60 m einen fantastischen Rundblick über die ganze Stadt.
Der Ural ist ein Mittelgebirge und erstreckt sich über 2000 km. Er bildet eine natürliche Grenze zwischen Europa und Asien.

M4 Wien (Prater)

M5 Mit der Transsib über die Grenze Europa – Asien

Klimatypen von West nach Ost

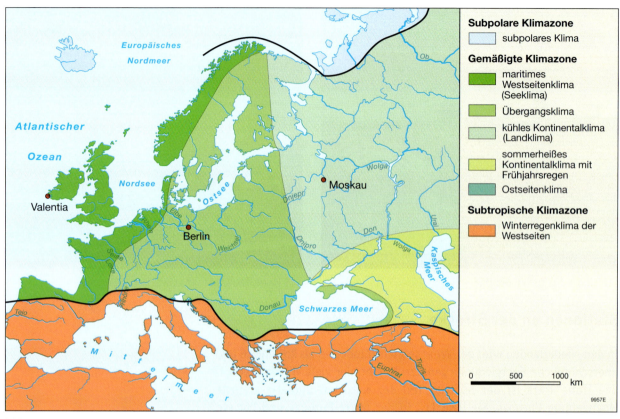

M1 Klimatypen der gemäßigten Klimazone

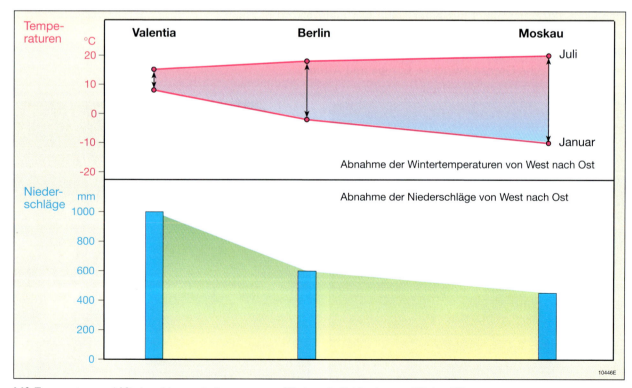

M2 Temperatur- und Niederschlagsveränderungen von West nach Ost in der gemäßigten Klimazone

Der Einfluss des Meeres auf das Klima

Bevor wir unsere Fahrt antreten, informieren wir uns über das Klima unserer Reiseziele, damit wir die richtige Kleidung einpacken.
Valentia, Berlin und Moskau liegen annähernd auf gleicher geographischer Breite in der gemäßigten Klimazone (M1). Sieht man sich die Klimawerte der drei Stationen näher an, findet man einige beachtliche Unterschiede. Moskau, das weit im Landesinneren liegt, hat wärmere Sommer, kältere Winter und geringere Niederschläge als beispielsweise das an der irischen Küste gelegene Valentia.
Die Gebiete Westeuropas werden auf Grund der Nähe zum Atlantischen Ozean und westlicher Winde stärker vom Atlantik beeinflusst als Orte im Kontinentinneren.
Welche Ursachen für die Unterschiede im Klima von meernahen und meerfernen Gebieten gibt es?
Meer und Land (Kontinent) erwärmen sich unterschiedlich. Im Sommer erwärmt sich das Meer langsam und relativ gering. Daher bleibt auch die über dem Meer liegende Luft kühl. Die im Wasser gespeicherte Wärme gibt das Meer im Winter wieder an die Luft ab, sodass die Meeresluft zwischen Sommer und Winter keine allzu großen Temperaturunterschiede aufweist. Hinzu kommt noch der Einfluss des Golfstroms. Er bewirkt, dass die Wintertemperaturen weiter gemildert werden (vgl. auch S. 34/35).
Da Meeresluft bedeutend feuchter als Landluft ist, fällt in küstennahen Gebieten in Windrichtung mehr Niederschlag als in meerfernen Gebieten. Im Kontinentinneren erwärmt sich das Festland im Sommer zwar stärker als das Meer, dafür aber nicht sehr tief. Im Winter ist diese Wärme rasch verbraucht, sodass sich die darüber liegende Luft schnell abkühlt und es empfindlich kalt werden kann.

M4 Londoner Park im Januar

M5 Moskauer Park im Januar

M3 Unterschiedliches Temperaturverhalten von Land und Meer

Aufgaben

1 Erkläre die Entstehung klimatischer Unterschiede in der gemäßigten Klimazone.

2 Schreibe einen Wetterbericht eines Januartages von Valentia und von Moskau.

3 Bill aus London und Oleg aus Moskau geben sich gegenseitig Tipps, was sie für eine Urlaubsreise im Januar in ihr Land in den Koffer packen würden. Welche Tipps sind das?

Vegetationszonen von West nach Ost

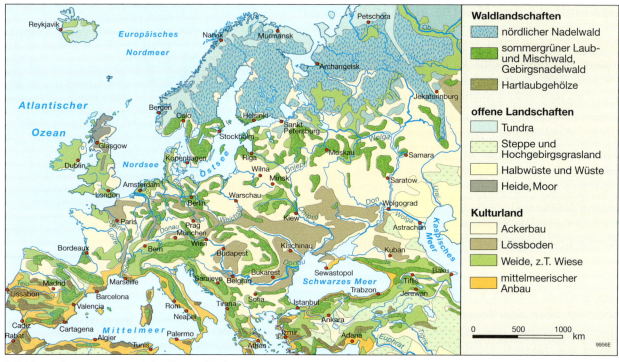

M1 Vegetationszonen vom Atlantik zum Ural

Vielfalt der Vegetation

Auf unserer Reise durch Europa lernen wir verschiedene Vegetationszonen kennen. Lange Zeit fahren wir durch die **Laub- und Mischwaldzone**, die uns aus unserer Heimat bekannt ist.

Langsam verringert sich der Anteil der Laubbäume, wir nähern uns der **Taiga**, dem größten zusammenhängenden Waldgebiet der Erde. Vom Zug aus sieht der Wald wie eine große, grüne, nicht enden wollende Mauer aus.

In der Waldsteppe wird der Wald lichter, bis er ganz aufhört. Die **Steppe** mit ihrer im Frühjahr überwältigenden Blütenpracht liegt vor uns. Kein Baum ist zu sehen, nur ein paar Büsche unterbrechen die Graslandschaft.

Aufgaben

1 Beschreibe die Lage der einzelnen Vegetationszonen. In welchem Gebiet vermutest du die Waldsteppe?

2 Finde Zusammenhänge zwischen Klima und Vegetation in den verschiedenen Zonen.

M2 In Deutschland (Lindenwald bei Colbitz/Sa.-Anhalt)

M3 Im Ural (Gebirgsnadelwald)

Vegetationszonen vom Atlantik zum Ural

Vegetationszone	Laub- und Mischwaldzone	Nördlicher Nadelwald – Taiga –	Steppenzone
Vegetation	Eichen, Buchen, Linden, Ahorne, Kiefern, Fichten, Tannen	Fichten, Kiefern, Lärchen, teilweise Birken	baumloses Grasland
Jahrestemperatur	6 bis 14 °C	−15 bis 0 °C	3 bis 8 °C
Jahresniederschlag	mehr als 600 mm	weniger als 600 mm	weniger als 400 mm
Wachstumszeit	mehr als 180 Tage	30 bis 180 Tage	weniger als 180 Tage
Pflanzenwachstum eingeschränkt durch	Kälte	Kälte	Trockenheit
Wasserhaushalt	im Jahresverlauf ausgeglichene Wasserführung der Flüsse	hohe Wasserführung der Flüsse im Frühjahr, Überschwemmungen	Flüsse trocknen im Sommer teilweise aus
Boden	gute bis mittlere Böden	unfruchtbare Böden	sehr gute Böden (Schwarzerde)

In der Zone der Steppen

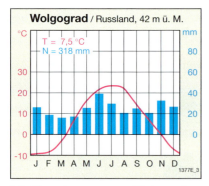

M1 Klimadiagramm von Wolgograd

Pflanzen passen sich dem Klima an

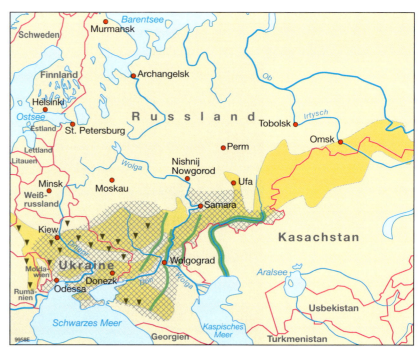

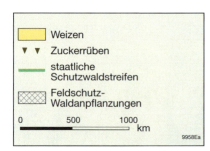

M2 Lage und Nutzung der Steppenzone

M3 In der ukrainischen Steppe

Europa zwischen Atlantik und Ural

Unsere Reise in die Steppenzone

Pflanzen passen sich dem Klima an

Wir schauen aus dem Zug und merken, dass die Landschaft sich ändert. Der Wald wird durch üppiges Grasland, die Steppe, abgelöst, dessen Gras im Winde gleichmäßig hin und her wogt. Manchmal unterbrechen kleine Baumgruppen die Grasflächen, bis auch diese aus unserem Blick verschwinden. So weit das Auge schaut, sehen wir nun ein Meer von Grün aus Gräsern und Kräutern.

Bäume können hier nicht mehr gedeihen, weil die sommerliche Trockenheit zu groß ist. Die Verdunstung ist größer als der spärliche Niederschlag. Im Hochsommer verdorren deshalb die Pflanzen und die Steppe färbt sich braun.

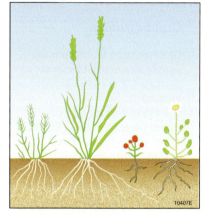

M5 Gräser mit Wurzelgeflecht

Nutzung

Ähnlich wie in der Magdeburger Börde hat sich in der Steppe die fruchtbare Schwarzerde gebildet. Die sommerliche Trockenheit und die Winterkälte sind beste Voraussetzungen für die Bildung einer starken Humusschicht. In der Steppe kann diese bis zu 1,20 m mächtig sein. Die Menschen haben Felder angelegt und bauen Weizen, Mais, Zuckerrüben und Sonnenblumen an, die auf dem fruchtbaren Boden gut gedeihen.

Trockenheit und „Schwarze Stürme"

Die Bauern haben im fruchtbaren Steppenland vor allem mit zwei Schwierigkeiten zu kämpfen: erstens mit der Dürre und zweitens mit den so genannten „Schwarzen Stürmen".

In Normaljahren reichen die Niederschläge für den Anbau aus. In Dürrejahren hingegen trocknet der Boden aus. Die Ernte ist in Gefahr. Im Extremfall können Stürme den wertvollen Boden aufnehmen und weit über das Land tragen. Dadurch können die Pflanzen einerseits bloßgelegt, andererseits unter der Erde begraben werden.

M6 Bodenprofil Schwarzerde

M4 Schutz vor Bodenabtragung durch Feldschutzstreifen

Maßnahmen der Menschen

Gegen die wiederkehrende Trockenheit legten die Menschen Bewässerungskanäle und Beregnungsanlagen an. Der wertvolle Boden kann nunmehr bei Bedarf durchfeuchtet werden. Um sich gegen die „Schwarzen Stürme" zu schützen, pflanzten die Bauern Baum- und Buschreihen, die so genannten Feldschutzstreifen, zwischen den Feldern an. Der Wind wird dadurch gebremst und der wertvolle Boden bleibt liegen.

Aufgaben

1 Erkläre, wie sich das Klima der Steppe auf die Vegetation auswirkt.

2 Erläutere, wie sich die Gräser dem Klima anpassen (M5).

3 Vergleiche die Januar- und Juliwerte der Temperatur sowie den Jahresniederschlag von Wolgograd mit den Werten von Leipzig (S. 30).

4 Erkläre, mit welchen Schwierigkeiten die Menschen in der Steppe zu kämpfen haben. Nenne Lösungsmöglichkeiten (M4).

Das Ballungsgebiet Mittelengland

Info

Großbritannien

Großbritannien ist eine konstitutionelle Monarchie. Das Staatsoberhaupt ist seit 1952 Königin Elisabeth II.
Der offizielle Staatsname ist United Kingdom of Great Britain and Northern Ireland. Das Land besteht aus der britischen Hauptinsel mit den Teilen England, Schottland und Wales sowie aus dem Teil Nordirland auf der irischen Insel. Auf einer Fläche von 244 000 km² leben 60 Mio. Einwohner.
Großbritannien ist heute ein moderner Industriestaat mit einem hoch entwickelten Dienstleistungssektor. Das Land ist seit 1973 Mitglied der Europäischen Union.

Großbritannien – das Mutterland der Industrie

Voller Stolz behaupten die Engländer, dass Großbritannien das Mutterland der Industrie sei. Hier entwickelte James Watt in der zweiten Hälfte des 18. Jahrhunderts die Dampfmaschine und damit setzte das Zeitalter der **Industrialisierung** ein. Die Textilindustrie und die Eisen- und Stahlindustrie waren die bedeutendsten Industriezweige in den Midlands.

Auf der Grundlage der einheimischen Rohstoffe Schafwolle und Flachs sowie der später aus dem Ausland importierten Baumwolle entwickelte sich zunächst die Textilindustrie. Mit der Erfindung der Spinnmaschine entstanden aus Handarbeitsbetrieben die ersten Industriebetriebe. Wichtige Standortfaktoren waren neben den Rohstoffen das Wasser, die Kohle für die Dampfmaschinen und die Arbeitskräfte.

Die Lagerstätten von Steinkohle und Eisenerz waren die Grundlage der Entwicklung der Montanwirtschaft. Es entstanden Kohlenzechen sowie Eisen- und Stahlwerke. Die Industrialisierung führte zu einer Konzentration von Arbeitskräften. Durch den Zuzug von Menschen aus dem gesamten Land wuchs die Einwohnerzahl der Städte stark an. Es bildeten sich die ersten Industriegebiete.

Die heutige Entwicklung des Ballungsgebietes Mittelengland

Lange Zeit waren die Textilindustrie und die Eisen- und Stahlindustrie die bedeutendsten Industriezweige der Midlands. Die Bezeichnung „black country" verdeutlicht bis heute die Wurzeln der Industrieregion. Nach dem Zweiten Weltkrieg erlebten diese Industrien sogar noch einmal einen Aufschwung, denn Eisen und Stahl wurden dringend für den Wiederaufbau der Wirtschaft benötigt. Seit den sechziger Jahren des 20. Jahrhunderts geht es aber mit den traditionellen Industriezweigen bergab. Für das Ruhrgebiet habt ihr die Ursachen für die Kohle- und Stahlkrise schon kennen gelernt. Diese Prozesse liefen auch in den Midlands ab. Dazu kam der Niedergang der Textilindustrie. In den sechziger und siebziger Jahren des 20. Jahrhunderts verteuerten sich die Rohstoffe stark. Die teuren Produkte ließen sich schwerer verkaufen. Mittelengland entwickelte sich zu einem wirtschaftlich strukturschwachen Gebiet. Kennzeichen dafür sind geschlossene Fabriken, eine hohe Arbeitslosigkeit, ein Wegzug junger Menschen und ein Verfall der Städte. Seit den siebziger Jahren vollzieht sich nun ein Wandlungsprozess der Wirtschaft. Das „industrielle Herz" Großbritanniens soll sich stärker auf moderne Industriezweige und auf Dienstleistungen orientieren. Dafür hat die britische Regierung eine Reihe von Förderprogrammen aufgelegt. Diese haben das Ziel, die Infrastruktur auszubauen und traditionelle Industriezweige zu modernisieren. Um die Wirtschaftsstruktur zu verbessern, werden Zuschüsse für Hightech-Betriebe gezahlt.

Aufgaben

1 Suche das Industriegebiet Mittelengland (die Midlands) auf einer Atlaskarte.

2 Erkläre, warum die Textilindustrie und die Eisen schaffende Industrie die ersten Industriezweige waren.

3 Fertige eine Tabelle an. Trage die Standortanforderungen der Textilindustrie und der Eisen schaffenden Industrie ein. Welche Unterschiede bestehen?

Abgrenzung und Struktur des Ballungsgebietes Mittelengland

Die West Midlands Conurbation bezeichnet ein Gebiet in Mittelengland, welches die Großstadt Birmingham mit ihrem Umland sowie die Counties Shropshire, Stafford, Hereford und Worcester sowie Warwick umfasst. Auf einer Fläche von 850 km² leben ca. 2,2 Mio. Einwohner. Es ist damit eine der größten Bevölkerungskonzentrationen in Großbritannien.

M3 Schwerindustrie Mittelenglands

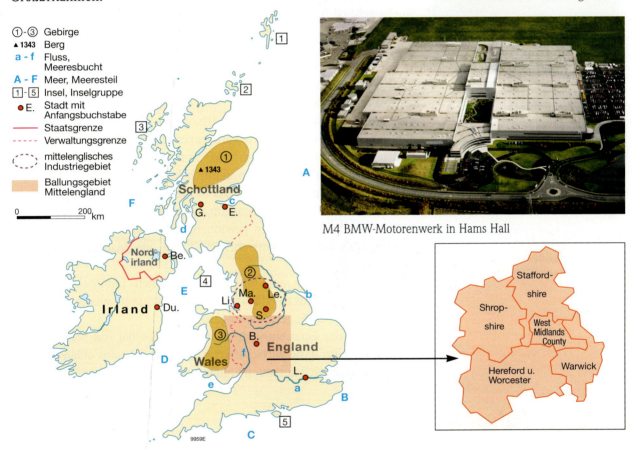

M4 BMW-Motorenwerk in Hams Hall

M1 Übungskarte Großbritannien

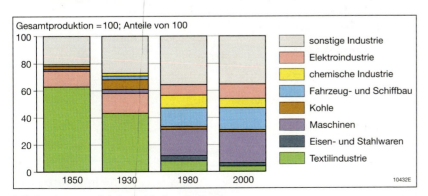

M2 Strukturwandel der britischen Industrie

Aufgaben

4 Begründe die Lage der Standorte der Textil- und der Eisen schaffenden Industrie.

5 Nenne die Gründe für den Niedergang der traditionellen Industriezweige.

M1 Lage Birminghams

Birmingham – Wandelprozesse in der Stadtstruktur

Birmingham ist eine typische Stadt des Industriezeitalters. Sie erlangte ihre Bedeutung erst im Zuge der Industrialisierung durch die zentrale Lage im entstehenden Kanalnetz und im Eisenbahn- und Straßennetz. Es siedelten sich viele Betriebe der Textil- und der Metall verarbeitenden Industrie an. Die Stadt wurde auch zum regionalen Finanz- und Dienstleistungszentrum. Bedingt durch den Arbeitskräftebedarf der Industrie entstanden viele Wohngebiete für die Arbeiter. Birmingham wuchs schnell in das Umland. Weitere Kennzeichen der Stadt waren die vielen Fabrikschornsteine und die Verschmutzung der Luft und des Wassers.

Seit den sechziger Jahren haben viele Menschen Birmingham verlassen. Jedes Jahr zogen tausende Familien aus der schmutzigen Stadt in die Dörfer und Kleinstädte. Am Rand der Stadt entstanden neue Flächen für die moderne Industrie und große Handelszentren. Obwohl sich einige Firmen in diesen preiswerten Gewerbeparks niederließen, findet man im Stadtzentrum von Birmingham noch immer die größte Konzentration von Handels- und Dienstleistungseinrichtungen des gesamten Ballungsgebietes. Im Zusammenhang mit der Modernisierung der Wirtschaft in den Midlands soll das Stadtzentrum an Attraktivität und an Ausstattung mit zentralen Einrichtungen gewinnen. Dafür wurde ein City Centre Strategy Plan (Strategieplan) entwickelt, der alle Maßnahmen koordiniert.

Damit die Besucher der Innenstadt gemütlich bummeln und alle Teilbereiche gefahrlos zu Fuß erreicht werden können, wurde der gesamte Bereich zur Fußgängerzone umgestaltet.

Im Ergebnis der Umsetzung des Strategieplanes hat das Stadtzentrum von Birmingham seine wirtschaftliche Stellung und seine städtebauliche Attraktivität deutlich ausbauen können.

Aufgaben

1 Erkläre die Merkmale einer Stadt des Industriezeitalters.

2 Erläutere den Begriff Suburbanisierung.

3 Schau dir M2 an. Erkläre die Anordnung der Nutzungsarten.

4 Erkläre, warum es notwendig ist, Nachnutzungen für die alten innerstädtischen Industriegebiete zu finden.

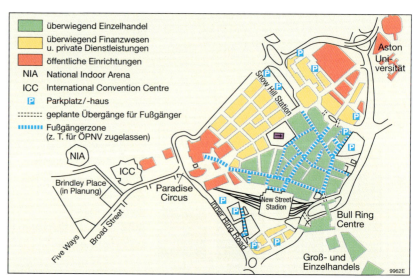

M2 Flächennutzung im Stadtzentrum von Birmingham

Europa zwischen Atlantik und Ural

Ansätze der weiteren Stadtentwicklung von Birmingham

Nachnutzung der alten innerstädtischen Industriestandorte

Ein Hauptaugenmerk der Stadterneuerung in den alten Industriestädten gilt der Aufwertung und Wiedernutzbarmachung der großen Flächen mit Gebäuden traditioneller Industriezweige. Ihr habt gehört, dass diese Betriebe der Textilindustrie und der Eisen schaffenden Industrie geschlossen wurden.

In Birmingham gibt es einen interessanten Ansatz zur Nachnutzung dieser innerstädtischen Flächen: Im Stadtteil Birmingham Heartlands liegt das größte alte Industriegebiet der Stadt. Dieses entstand im 19. Jahrhundert entlang von Eisenbahnlinien. Gemeinsam gingen die Stadtverwaltung und die Wirtschaft an die Umgestaltung des Gebietes. Das Ziel ist ein Stadtteil mit vielen Funktionen, so zum Beispiel die Schaffung eines großen Einkaufszentrums, der Bau von Wohnungen in Form von Ein- und Zweifamilienhäusern, die Aufwertung vorhandener Industrie und die Ansiedlung von Dienstleistungseinrichtungen.

Entwicklungen am Rand und im Umland der Stadt

Die britischen Städte haben sich seit den sechziger Jahren des 20. Jahrhunderts sehr stark in das Umland ausgeweitet. Dabei gingen viele Freiflächen verloren. Die Stadtplaner von Birmingham haben sich auf das Konzept der Erhaltung und Schaffung von Grüngürteln („green belts") besonnen. Dieses Konzept hat in Großbritannien eine lange Tradition. Bereits seit über 100 Jahren sind Grüngürtel wichtige Elemente bei der Entwicklung des Städtenetzes. Die weiträumigen, zusammenhängenden Waldgebiete sollen die stressgeplagten Großstädter zum Entspannen einladen. Sie erfüllen die Funktion eines Naherholungsgebietes.

Info

Der West Midland Green Belt

Die Gestaltung des West Midlands Green Belt hat folgende Aufgaben:

– Verhinderung des unkontrollierten Wachstums der Stadtregion Birmingham in das Umland und Erhalt der vorhandenen Grünflächen,
– Verhinderung des Zusammenwachsens der Stadt Birmingham mit Coventry und anderen Kleinstädten,
– Erhaltung des Charakters der Stadt und der Aufwertung der Innenstadt.

Aufgaben

5 Nenne Funktionen des „green belts"?

6 M4 zeigt dir den geplanten Grüngürtel von Birmingham. Suche mithilfe des Atlas die benachbarten Städte heraus.

M3 Birmingham – Stadtansicht

M4 Hightech-Gewerbe und Greenbelts

Im französisch-deutschen Grenzgebiet

M1 Lage von Elsass-Lothringen

Die Region Elsass-Lothringen stellt sich vor

Wenn man den Namen Elsass-Lothringen hört, so denkt man unwillkürlich an die Bergwelt der Vogesen, an gastfreundliche Menschen, an das schmackhafte Essen und an den guten Wein. Es gibt aber auch noch andere Kennzeichen und Merkmale dieses Raumes. So war er zum Beispiel viele Jahrhunderte zwischen Deutschland und Frankreich umstritten. Mal gehörte er zu dem einen mal zu dem anderen Land. Dieses Hin und Her hat die Menschen geprägt. Häufig sprechen sie bis heute neben der Nationalsprache Französisch auch noch Deutsch oder Elsässisch. Wirtschaftlich dominierte viele Jahrhunderte die Land- und Forstwirtschaft. Erst in der zweiten Hälfte des 19. Jahrhunderts setzte auf der Basis der vorhandenen Rohstoffe, wie Eisenerz, Steinkohle, Kalk und Holz, die industrielle Entwicklung ein.
Teile Lothringens entwickelten sich so zu Industriegebieten. In den letzten Jahrzehnten hat an vielen Standorten der Tourismus Einzug gehalten. Wichtige Städte der Region sind Straßburg und Nancy.

Info

Frankreich

Der westeuropäische Staat Frankreich (franz.: Republique Francaise) ist eine demokratische Republik mit einem Präsidenten als Staatsoberhaupt. Der Staat besteht aus 95 Departements innerhalb von 22 Regionen und aus fünf Überseedepartements. Die Hauptstadt ist Paris. Die Staatsfläche beträgt 544 000 km². In Frankreich leben 58,7 Mio. Einwohner.
Frankreich gehört zu den Gründungsmitgliedern der Europäischen Wirtschaftsgemeinschaft (heute Europäische Union). Es ist ein hoch entwickelter Industriestaat mit einer spezialisierten Landwirtschaft und einem gut ausgebildeten Dienstleistungssektor.

M2 Lothringische Spezialitäten

M3 Ortsansicht Raon-sur-Plain in den lothringischen Vogesen

Das lothringische Montangebiet

Die **Schwerindustrie** in Lothringen entwickelte sich in einem Gebiet mit umfangreichen Kohlen- und Eisenerzlagerstätten und mit einer guten Verkehrsanbindung und Verkehrserschließung. Außerdem förderte der französische Staat die Industrialisierung der Region. Auf dieser Basis wurde Lothringen im 19. Jahrhundert eines der wichtigsten Industriegebiete Frankreichs.

Die Hauptentwicklungsphase des Steinkohlenbergbaus und der Eisen- und Stahlindustrie begann ab 1873. Es kam zu einer Konzentration der Bevölkerung. Die Menschen zogen aus vielen europäischen Regionen als Arbeitskräfte zu. Die Städte wuchsen rasch und die Infrastruktur wurde ausgebaut.

In der Zeit des Wiederaufbaus nach dem Zweiten Weltkrieg bis in die 1960er Jahre war Lothringen der Motor der wirtschaftlichen Entwicklung in Frankreich. Hier wurden die benötigten Rohstoffe abgebaut und erzeugt und die Industrieprodukte hergestellt. Nach dieser Zeit fiel die lothringische Wirtschaft in eine schwere Krise. Zwischen 1970 und 1988 wurden pro Jahr mehr als 8 000 Arbeitsplätze abgebaut. Betroffen waren vor allem die Hauptindustriebereiche: Stahlindustrie von 82 500 Arbeitskräften auf 17 500, im Bergbau von 47 000 auf 19 500 und in der Textilindustrie von 46 000 auf 21 000 Arbeitskräfte. Dadurch stieg die Arbeitslosigkeit an. Als positiv erwies sich die Grenzlage, weil ein Teil der Arbeitskräfte nach Belgien oder Deutschland pendeln konnte. Die Auswirkungen des wirtschaftlichen Niederganges zeigten sich auch in der Bevölkerungsentwicklung. Von 1976 bis 1987 war Lothringen die einzige Region Frankreichs mit einer sinkenden Einwohnerzahl. Vor allem junge Menschen zogen weg. So ging der Anteil der unter 30-Jährigen deutlich zurück.

Zur Verringerung der sozialen Auswirkungen der Krise für die Menschen der Region ergriff die französische Regierung eine Reihe von Maßnahmen. Diese verfolgten drei Hauptziele:
- Modernisierung der Wirtschaft,
- Steigerung der Attraktivität der Region,
- Unterstützung der benachteiligten Bevölkerung.

Info

Lothringen

Lothringen ist eine der 22 französischen Regionen (bestehend aus den Departements Meurthe-et Moselle, Meuse, Moselle, Vosges). Sie befindet sich im Nordosten Frankreichs. Auf einer Fläche von 23 547 km² leben 2,3 Mio. Einwohner.
Lothringen grenzt an die französischen Regionen Alsace (Elsass), Franche-Comte und Champagne-Ardenne sowie an Deutschland, Belgien und Luxemburg.

Aufgaben

1 Suche auf einer Atlaskarte Elsass-Lothringen. Benenne wichtige Städte.

2 Stelle zusammen, an welche Länder Elsass-Lothringen grenzt.

3 Erkläre mithilfe des Lexikons, warum man die französische Fahne „Tricolore" nennt.

4 Warum führt die Industrialisierung zur Ansiedlung von Bevölkerung?

5 In der 5. Klasse hast du etwas über die Gründe der Kohle- und Stahlkrise im Ruhrgebiet gelernt. Wiederhole sie.

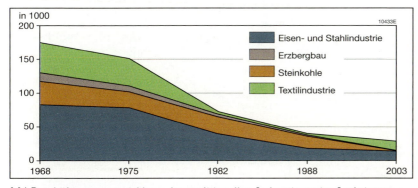

M4 Beschäftigungsentwicklung der traditionellen Industriezweige Lothringens

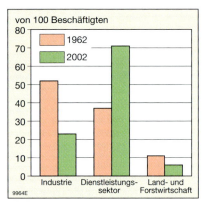

M1 Beschäftigtenstruktur Lothringens

Pläne für die Weiterentwicklung Lothringens

Die Wirtschaft Lothringens hat in den letzten 25 Jahren einen deutlichen Strukturwandel erlebt. Dabei können drei Richtungen der Entwicklung beobachtet werden:

1. Die industrielle Tradition Lothringens, die sich auf mehrere Jahrhunderte zurückverfolgen lässt, konnte erhalten werden. Die Industrie ist gekennzeichnet von einem Nebeneinander traditioneller Industriebereiche, wie Kohlebergbau, Eisenerzeugung, Textilindustrie, Lebensmittelindustrie, und von Hightech-Branchen (Automobilbau, spezialisierter Maschinenbau, Elektronik).
2. In den letzten Jahren haben sich zahlreiche Dienstleistungs- und **Logistikunternehmen** angesiedelt. Es entstanden Logistikzentren großer Unternehmen, wie zum Beispiel IKEA, Aldi, Lidl, Bertelsmann. Heute arbeiten bereits mehr als zwei Drittel aller Arbeitskräfte Lothringens in Betrieben dieser Branche.
3. Die dritte Trendrichtung ist die zunehmende Ansiedlung ausländischer Unternehmen in der Region. Nach dem Zweiten Weltkrieg wurde Lothringens Lage am Rand Frankreichs und an den Grenzen zu Deutschland, Belgien und Luxemburg als Hindernis der wirtschaftlichen Entwicklung gesehen. Heute erscheint diese Grenznähe und die Lage im Mittelpunkt eines Verkehrsachsenkreuzes zwischen Straßburg und Brüssel sowie zwischen Bonn und Paris als eine Chance für die Wirtschaft und den Arbeitsmarkt. Weitere Standortvorteile der Wirtschaft sind die Verkehrsanbindung, niedrige Löhne, lange Arbeitszeiten, geringe Immobilienpreise, Steuerbefreiung und Staatszuschüsse. Im Jahr 2002 gab es bereits über 400 ausländische Firmen mit mehr als 50 000 Beschäftigten.

Das grenzüberschreitende Industrie- und Gewerbegebiet „Eurozone"
Die Vorteile der Grenzlage nutzend, entsteht zwischen dem französischen Forbach und dem deutschen Saarbrücken ein grenzüberschreitender Gewerbepark. Der Beginn des Aufbaus erfolgte im Jahr 2001. Hier werden unter gemeinsamer deutsch-französischer Verwaltung Dienstleistungsbetriebe angesiedelt. Sie unterstützen vor allem klein- und mittelständische Unternehmen beider Länder beim Einstieg in den jeweils anderen Markt.

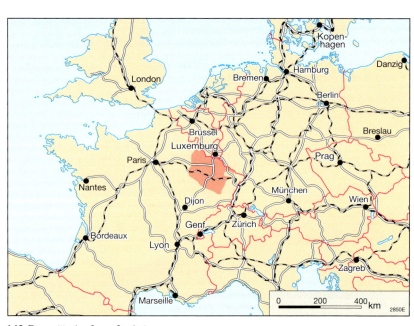

M2 Europäische Lage Lothringens

Europa zwischen Atlantik und Ural

Der Smart – eine neue Chance für Lothringen

Die Firma Micro Compact Car AG wurde 1994 von dem Uhrenhersteller Swatch und von der Autofirma Daimler-Benz gemeinsam gegründet. Ziel war es, einen Kleinwagen auf den Markt zu bringen.

Spezialisten suchten lange in Deutschland und Frankreich nach einem Standort für das neue Autowerk. 1995 einigte man sich auf das lothringische Städtchen Hambach. Entscheidend waren dafür zwei Gründe. Die französische Regierung erteilte die Baugenehmigung sehr schnell und Hambach besitzt eine zentrale europäische Lage, liegt also „in der Mitte der Kunden und Zulieferer". Weitere Standortbedingungen von Hambach sind natürlich die vorhandenen Arbeitskräfte und die gute Verkehrsanbindung. Die Entscheidung für den Standort Hambach war für die Modernisierungsbemühungen der Wirtschaft in Lothringen ein Glücksgriff.

Der Baubeginn für das Autowerk war noch 1995, der Grundstein wurde 1997 gelegt und die Smart-Serienfertigung begann 1998. Seit dieser Zeit werden pro Jahr etwa 100 000 bis 120 000 Kleinwagen produziert.

Das Auto wird gegenwärtig in 24 Ländern verkauft. Sieben von zehn Smart gehen davon nach Deutschland und Italien. Als Zukunftsmarkt soll vor allem Asien erschlossen werden. Wegen der guten Nachfrage wurden weitere Modelle des Smart entwickelt.

Der gewählte Betriebsstandort wurde zu einem Industriepark ausgebaut. Er trägt den Namen „Europole", im Volksmund wird er aber nur „Smartville" genannt. Hier haben sich zwölf Betriebe, die „Systempartner", niedergelassen. Diese produzieren gemeinsam den Smart. Zusammen haben sie 1800 Beschäftigte. Um in Zukunft flexibler zu sein, wurde in Böblingen im Jahr 2002 ein neuer zusätzlicher Standort erschlossen.

M4 Lage Hambachs

M3 In Hambach bei Saargemünd wird der Kleinwagen Smart produziert

Aufgaben

1 Erkläre den Begriff „wirtschaftlicher Strukturwandel".

2 Stelle zusammen, welche Standortvorteile Lothringen für Hightech-Branchen bietet.

3 Suche im Internet nach einer Erklärung des Begriffs „Logistikzentrum".

4 Nenne Gründe, warum sich ausländische Unternehmen in Lothringen ansiedeln.

5 Suche im Atlas die Lage des grenzüberschreitenden Gewerbeparks „Eurozone".

6 Überlege dir, welche Standortanforderungen ein Automobilwerk stellt. Warum wurde die Smart-Fabrik in Hambach errichtet?

7 Erkläre, welche Vorteile ein so genannter Industriepark gegenüber einem einzelnen Fabrikstandort besitzt.

Oberschlesisches Industriegebiet

Info

Polen

Die Republik Polen (poln.: Rzeczpospolita Polska) ist mit 313 000 km² der größte Staat im östlichen Mitteleuropa.
Die Gesamtlänge der polnischen Staatsgrenzen beträgt 3 496 km. Seine Nord-Süd-Ausdehnung beträgt 649 km und die Ost-West-Erstreckung erreicht 689 km.
Polen hat 38,7 Mio. Einwohner, davon wohnt jeder 4. in Städten. Die Hauptstadt ist Warschau. Sie ist auch mit 1,6 Mio. Einwohnern die größte Stadt des Landes. Polen ist gegliedert in 16 Wojewodschaften.
Die Republik ist ein Industriestaat mit einem dynamischen Dienstleistungsbereich und einer rückständigen Landwirtschaft.
Am 1. Mai 2004 wurde die Republik Polen Mitglied der Europäischen Union.

Entstehung und heutige Bedeutung des Gebietes

Das Oberschlesische Industriegebiet (poln.: GOP – Gornoslaski Okreg Przemyslowy) liegt im Süden der Republik Polen. Auf einer Fläche von 6000 km² leben heute 3,6 Mio. Einwohner. Es ist das wichtigste Industriegebiet in unserem östlichen Nachbarland und eines der großen Industriereviere in Europa. Die Entwicklung begann auf der Grundlage der Steinkohle und des Eisenerzes am Ende des 18. und zu Beginn des 19. Jahrhunderts. Die Kohle wurde zuerst als Brennmaterial in den Haushalten und bei der Glasproduktion, später bei der Eisenverhüttung eingesetzt.

Trotz sinkender Fördermengen seit 1990 hat die Steinkohle ihre Bedeutung als Rohstoff für die Industrie dieses Gebietes bis heute behalten. Seit dem Ende der 1980er Jahre erfolgt in Polen ein Übergang von der Planwirtschaft zur Marktwirtschaft. Dies hat gravierende Auswirkungen auf die Wirtschaft. Besonders deutlich wird dies in der Industrie und im Bergbau in Oberschlesien. Die Öffnung des Landes zum Weltmarkt verdeutlichte, dass viele alte Industriebetriebe nicht konkurrenzfähig waren. Sie mussten ihre Produktion einstellen. Die Menschen verloren ihre Arbeitsplätze.

Auch die Steinkohlenförderung ist betroffen. Da die Technik veraltet ist, steigen die Kosten und die Umweltbelastung nimmt zu. Die Förderung einer Tonne Steinkohle kostet heute 32 Euro, auf dem Weltmarkt bekommt man die gleiche Menge für 20 Euro. Als Folge wurde eine große Anzahl an Zechen geschlossen. Die polnische Regierung versucht zur Modernisierung der Industrie ausländische Investoren in die Region zu holen. Ziel ist die Ansiedlung von Hightech-Industrie, um neue Arbeitsplätze zu schaffen, damit die Menschen in Oberschlesien bleiben und nicht in andere Landesteile oder in das Ausland wegziehen.

Planwirtschaft
Eine Wirtschaftsordnung, in der alle wirtschaftlichen Vorgänge zentral gelenkt werden: Produktion, Verkehr, Handel und Verbrauch werden von staatlichen Stellen geplant (meistens Fünfjahrespläne). Preise und Löhne werden festgesetzt.

Marktwirtschaft
Marktwirtschaft ist eine Wirtschaftsform mit freiem Wettbewerb um Märkte und Verbraucher. In der Marktwirtschaft kann ein Unternehmer produzieren, was und wie viel er will. Die Preise richten sich nach Angebot und Nachfrage.

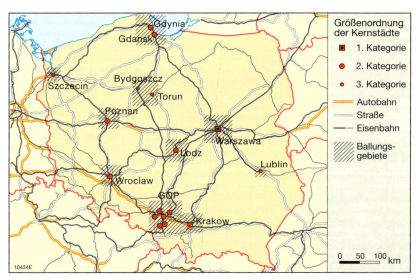

M1 Ballungsgebiete in Polen

Europa zwischen Atlantik und Ural

M2 Stahlhütte im Oberschlesischen Industrierevier

1946	36 Mio. t
1960	80 Mio. t
1970	98 Mio. t
1990	140 Mio. t
2000	105 Mio. t
2010	83 Mio. t

M3 Steinkohlenförderung im Oberschlesischen Industriegebiet

M4 Arbeitslosigkeit in Oberschlesien

Steinkohle – Segen und Fluch

Der Reichtum der Region Oberschlesien basiert auf der Steinkohle. Sie wird heute in Tiefen zwischen 600 und 1 200 m abgebaut. Im Jahr 2003 wurden ca. 100 Mio. Tonnen des „Schwarzen Goldes" gefördert.

Im 19. Jahrhundert entwickelte sich die Region von einem Landwirtschafts- zu einem Industriegebiet. Viele Menschen zogen aus mehreren Ländern Europas nach Oberschlesien. Die Städte wuchsen und es entwickelte sich das Verkehrsnetz. Der Kohlenabbau und die darauf aufbauende Industrie brachten Arbeitsplätze für hunderttausende Menschen. Von dem Reichtum zeugen bis heute viele Bauwerke in den Städten.

Im Oberschlesischen Industriegebiet können wir heute aber auch die anderen Ergebnisse des Steinkohlenbergbaus und der Industrialisierung beobachten, nämlich die überdurchschnittliche Umweltbelastung. Nach dem Zweiten Weltkrieg wurde die Industrialisierung beschleunigt, ohne dass dem Umweltschutz die nötige Aufmerksamkeit geschenkt wurde. Die veralteten Industriebetriebe belasten das Wasser, die Luft und den Boden. Die Steinkohlengruben, die Betriebe der Kohleverarbeitung und der **Metallurgie** verstärken mit ihren Abgasen und Stäuben die Situation zusätzlich. Weitere Folgen des Steinkohlenabbaus sind Bodenabsenkungen. Dabei entstehen Schäden an Straßen und Gebäuden. Auch das Waldsterben geht auf die Umweltbelastung zurück. Seit 1990 verringert sich die Steinkohlenförderung ständig. Da auch viele Industriebetriebe geschlossen werden, verlieren immer mehr Menschen ihre Arbeit. Gab es 1990 noch 380 000 Bergleute, sind es im Jahr 2004 noch 140 000.

Der Aufbau moderner Industriebereiche und von Dienstleistungseinrichtungen geht sehr langsam vonstatten. Im Ergebnis waren 2003 über 340 000 Menschen in Oberschlesien arbeitslos.

Aufgaben

1 Vergleiche die Flächengröße und die Einwohnerzahl von Polen und Deutschland miteinander.

2 Suche aus dem Atlas die deutschen Bundesländer heraus, die an Polen grenzen.

3 Suche das Ballungsgebiet GOP im Atlas.

4 Nenne Standortfaktoren, die zur Herausbildung des GOP beigetragen haben.

5 Erkläre, welche Auswirkungen die Belastungen der Luft und des Wassers auf die Menschen haben.

Die Ansiedlung von Opel – ein Hoffnungsschimmer für Oberschlesien

„Opel baut ein Autowerk in Gliwice (Gleiwitz)." – Diese Nachricht ging Mitte der 90er Jahre um die Welt und verbreitete in der Montanregion Oberschlesien und auch bei der polnischen Regierung Optimismus. War es doch ein gutes Zeichen, dass der notwendige Strukturwandel von einer Altindustrie- zu einer Hightech-Region in Gang gesetzt wurde.

Die Standortbedingungen von Gliwice sind für die Anlage des Betriebes sehr günstig. Der Komplex liegt am westlichen Rand des Ballungsgebietes an der Kreuzung von zwei geplanten Autobahnen A4 (Dresden-Kraków/Krakau) und A1 (Gdansk/Danzig-Wien). Es gibt viele Arbeitskräfte und Dienstleistungseinrichtungen. Die Produktionskosten sind niedrig. Die Umweltverschmutzung ist im Verhältnis zum mittleren und östlichen Teil der Region geringer.

Im Oktober 1996 erfolgte der erste Spatenstich für dieses moderne Autowerk von Opel in Gliwice (Gleiwitz). In nur zwei Jahren wurde es fertig gestellt und im Oktober 1998 fand die feierliche Eröffnung statt. Heute sind hier 2500 Arbeitskräfte beschäftigt. Pro Jahr können 70000 Fahrzeuge der Typen Agila und Astra hergestellt werden.

Die Entwicklung einer modernen Industrie in Oberschlesien wird durch die polnische Regierung gefördert. 1996 erfolgte die Gründung einer Sonderwirtschaftszone in der Region. Hier besteht für ausländische Investoren die Möglichkeit Betriebe zu errichten. Sie erhalten dabei finanzielle Unterstützung durch den polnischen Staat und brauchen weniger Steuern zu bezahlen. Auch das Opelwerk in Gliwice ist Teil der Sonderwirtschaftszone.

Info

Sonderwirtschaftszonen in Polen

In Polen existieren gegenwärtig über das gesamte Land verteilt 16 Sonderwirtschaftszonen. Diese liegen sowohl in alten Industrieregionen als auch in wirtschaftlich weniger entwickelten Teilen des Landes. Die polnische Regierung unterstützt mit der Ausweisung dieser Zonen die Schaffung von Arbeitsplätzen in Hightech-Industrien. Ausländische Unternehmen investierten bis jetzt etwa zwei Milliarden Euro und schufen 20 000 Arbeitsplätze.

Aufgaben

1 Erkundige dich, welche Standortanforderungen ein modernes Autowerk stellt.

2 Begründe die Standortwahl von Gliwice/Gleiwitz für das Autowerk von Opel.

3 Erkläre die Funktionen von Sonderwirtschaftszonen.

M1 Sonderwirtschaftszonen in Polen

Der EU-Beitritt Polens und die Zukunft des Oberschlesischen Industriegebietes

Am 1. Mai 2004 wurde Polen in die Europäische Union aufgenommen. Im ganzen Land hatten die Menschen zuvor über dieses Ereignis sehr viel diskutiert. Dabei zeigte sich sowohl große Zustimmung, es wurden aber auch viele Ängste formuliert. Dieser Zwiespalt in der Bevölkerung zeigte sich auch bei der Volksabstimmung zum EU-Beitritt am 6./7. Juni 2003. Es stimmten zwar sieben von zehn Polen für die Mitgliedschaft, aber vier von zehn gingen gar nicht erst in die Wahllokale. Die „Sächsische Zeitung" schrieb am 10. Juni zu dem Resultat der Volksabstimmung:

„Polens Präsident Aleksander Kwasniewski umarmt Freunde und Feinde, als er das Ergebnis der EU-Volksabstimmung hört. Er wirft die Arme in die Höhe und kann es vor Freude kaum fassen. In vielen Städten tanzten die Polen auf den Straßen. Lange Gesichter gab es dagegen bei den Bauern. „Ihr werdet schon sehen, was ihr davon habt", grollte der Bauernführer Andrzej Lepper."

Diese gespaltene Stimmung scheint auch für das Oberschlesische Industriegebiet berechtigt zu sein. Probleme wird es vor allem für die veraltete und damit nicht wettbewerbsfähige Industrie und den Bergbau geben. Weitere Gruben werden in den nächsten Jahren geschlossen und die traditionelle Industrie baut Arbeitsplätze ab. Dies bedeutet eine Zunahme der Arbeitslosigkeit. Auf der anderen Seite bestehen gute Chancen, die Region zu einem modernen Wirtschaftsraum mit Hightech-Branchen und einem gut ausgebildeten international wettbewerbsfähigen Dienstleistungssektor zu entwickeln.

M3 Das neue Opel-Werk in Gliwice

M2 Polen feiert den Beitritt zur Europäischen Union im Dreiländereck bei Zittau

Aufgaben

4 Stelle in einer Übersicht die Vorteile einer Mitgliedschaft Polens in der EU zusammen.

5 Überlege dir Gemeinsamkeiten des wirtschaftlichen Strukturwandels im Ruhrgebiet und im Oberschlesischen Industriegebiet.

6 Welche Erfahrungen kann die Wirtschaft Oberschlesiens von der Entwicklung im Ruhrgebiet übernehmen?

Global City London

London – eine Stadt wird zur Global City

Die britische Hauptstadt London hat etwa 7,5 Mio. Einwohner. Sie ist eine der wichtigsten Städte der Welt. Diese Einschätzung resultiert sowohl aus der historischen Bedeutung als auch aus den gegenwärtigen städtischen Funktionen.

Großbritannien war vom 18. Jahrhundert bis in die Mitte des 20. Jahrhunderts eine Weltmacht. Von hier aus nahm die Industrialisierung Ende des 18. Jahrhunderts ihren Lauf. Fast die Hälfte der Länder der Erde gehörte zum britischen Kolonialreich. England war auch zur See die Weltmacht Nr. 1.

Heute ist London nicht nur eine Großstadt, sondern als „Greater London" eine ganze Region, in der etwa 13 Mio. Einwohner leben. London ist die Hauptstadt des Vereinigten Königreichs von Großbritannien und Nordirland, das Zentrum des **Commonwealth of Nations**, ein internationales Banken- und Handelszentrum, ein Kernraum der Hightech-Industrie und der Dienstleistungen und eine Hochburg der Kultur. Die Bedeutung der Stadt geht damit über Großbritannien und die Europäische Union hinaus. Gefördert wird dies auch durch die Nähe zum europäischen Festland und durch die sehr gute verkehrstechnische Anbindung weltweit. Städte mit dieser Vielzahl an internationalen oder sogar weltweiten (globalen) Funktionen nennt man **Global Cities** („Weltstädte"). Diese Bedeutung spiegelt sich auch im Einwohner- und Größenwachstum der Stadt und ihres Umlandes wider.

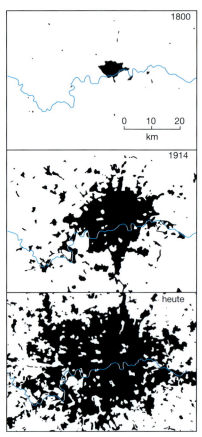

M1 Wachstum Londons

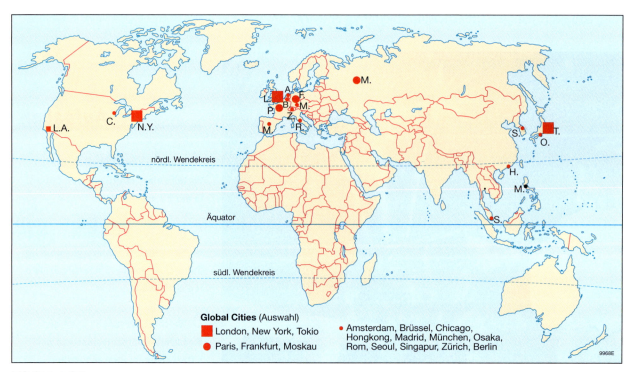

M2 Global Cities

Europa zwischen Atlantik und Ural

London – eine Stadt entwickelt sich

London besteht aus zwei städtischen Kernen, der City und Westminster. Die City ist der älteste Teil der Stadt. Die Ursprünge stammen bereits aus der römischen Zeit (lateinischer Name: Londinium). Sie wurde an einer Stelle angelegt, an der die Themse leicht überquert werden konnte. Mit nur 2,6 km² ist sie heute der kleinste Teil der Stadt. Hier findet man vor allem die Geschäftsstellen der Banken und die Niederlassungen internationaler Firmen. Große und moderne Bürohäuser kennzeichnen das starke Wachstum von Verwaltung und finanzkräftigen Dienstleistungsbetrieben. Weniger als 10 000 Menschen wohnen, aber über 500 000 arbeiten hier. Westminster ist mit dem Sitz des Parlaments und der Ministerien das politische Zentrum des Landes. In Westminster findet man auch die großen Kaufhäuser und teure Fachgeschäfte.

Um den historischen Kern legt sich ein Ring jüngerer Wohngebiete, der vor allem in der Zeit der Industrialisierung nach allen Seiten hin ausuferte. Um ein weiteres ungezügeltes Wachstum zu verhindern, wurde ein Grüngürtel (green belt) mit Wäldern und landwirtschaftlicher Nutzfläche um die Stadt gelegt, der nicht durch Siedlungen zerstört werden darf. Jenseits dieses Gürtels wurden neue Städte gegründet („New towns") und Arbeitsplätze in der Industrie und im Dienstleistungssektor angesiedelt. Dadurch sollte der Zustrom nach London eingedämmt werden.

Der Großraum London ist heute der größte Bevölkerungs- und Wirtschaftskonzentrationsraum Großbritanniens.

M4 Picadilly Circus

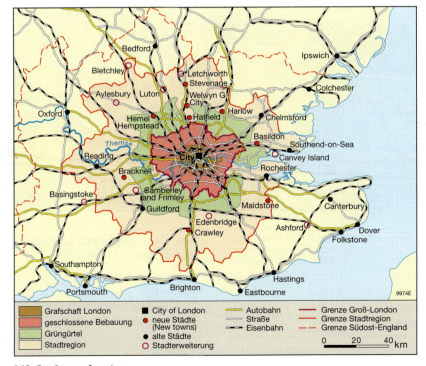

M3 Großraum London

Aufgaben

1 Erkundige dich mithilfe des Internets über die Geschichte und die Bedeutung der Organisation Commonwealth of Nations.

2 Erkläre, warum die Industrialisierung ihren Ursprung in Großbritannien hat (vgl. S. 72).

3 Nenne Funktionen, die eine Global City besitzt. Nenne weitere Global Cities (M2).

4 Suche im Atlas Westminster.

5 Beschreibe das Wachstum Londons (M1 und M3).

6 Erkläre den Begriff New towns.

Info

Commonwealth of Nations

Ein Commonwealth ist ein freiwilliger Bund von unabhängigen, souveränen Staaten, die gemeinsame Ziele verwirklichen oder sich zu einer politischen Gemeinschaft oder gar einem übergeordneten Staat zusammenschließen.

Info

Nullmeridian

Der Nullmeridian ist ein senkrecht zum Äquator stehender und vom Nord- zum Südpol verlaufender Halbkreis, von dem aus die geographische Länge gerechnet wird. Er verläuft z. B. durch den Londoner Stadtteil Greenwich. Der Verlauf wurde 1884 willkürlich festgelegt und wird überall auf der Erde anerkannt. Die mittlere Sonnenzeit am Nullmeridian ist maßgeblich für die Weltzeit (Greenwich Mean Time, GMT).

Wusstest du schon, dass

- in London auf der Straße links gefahren wird und dass das für ganz Großbritannien zutrifft?
- London viele Sehenswürdigkeiten von Weltrang besitzt, wozu London Bridge, Tower, Buckingham Palace, Big Ben und Piccadilly Circus gehören?
- in London das ehemalige Hafen- und Dockgelände in ein großes Wohn- und Gewerbegebiet, in dem 80 000 Menschen wohnen und 75 000 arbeiten, umgestaltet wurde?
- in London-Greenwich der Nullmeridian verläuft?
- auf dem Flughafen London-Healthrow alle zwei Minuten ein Flugzeug startet und landet und dass von hieraus 100 Ziele in aller Welt angeflogen werden?

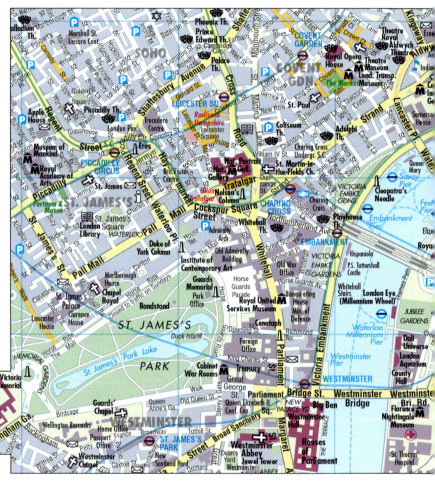

www

www.visitbritain.de
www.londontown.com

Aufgaben

1 Erläutere die Bedeutung Londons.
a) Suche die Gebäude (M3, M5, M6) im Stadtplan.
b) Finde Gründe dafür, warum Ausländer in London gerade aus den in M2 genannten Ländern/Regionen kommen.

2 a) Besorgt euch Material über London (Karten, Prospekte) und schreibt kurze Informationen über Sehenswürdigkeiten.
b) Gestaltet eine Wandzeitung „London". Mögliche Themen: Sehenswürdigkeiten, Einkaufsmöglichkeiten, Geschichte.

Jahr	Greater London	City of London
1801	1,0 Mio.	128 000
1901	6,8 Mio.	27 000
1951	8,2 Mio.	5 300
1994	6,8 Mio.	4 200
2001	7,2 Mio.	7 200

M1 Bevölkerungsentwicklung Londons

Von 100 Einwohnern Londons sind 28 keine Europäer.

Von diesen kommen:
6 aus Indien, 5 aus Afrika,
5 aus der Karibik, 2 aus Pakistan
2 aus Bangladesch, 1 aus China.

M2 Ausländische Mitbürger in London (2002)

Europa zwischen Atlantik und Ural

M3 Die City of London mit St. Paul's Cathedral

Stadtrundfahrt

Die beste Stadtrundfahrt bietet der Culture Bus. Er fährt 20 Museen, Parks, Pubs usw. an; man kann ein- und aussteigen, wo man will, z. B. an der National Gallery am Trafalgar Square.
Eine Karte für den ganzen Tag kostet etwa 12,00 Euro.

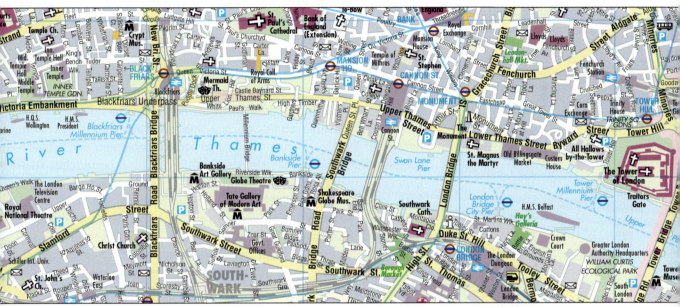

M4 Aus einem Stadtplan von London

M5 Houses of Parliament mit Big Ben

M6 Der Tower of London ist eines der ältesten Gebäude Londons. In seiner Geschichte war er Festung, Königspalast, Gefängnis und Schatzkammer, in der noch heute die Kronjuwelen aufbewahrt werden.

Die französische Hauptstadt Paris

Info

Paris in Zahlen

- Die Stadt Paris ist 105 km² groß. Hier wohnen 2,1 Mio. Menschen.
- Der Großraum Paris ist 12000 km² groß. Hier wohnen 10,6 Mio. Menschen.
- Die Pariser Metro befördert täglich 4 Mio. Passagiere.
- In Paris gibt es 100 Museen, 200 Kunstgalerien, 50 Konzertsäle, 1250 Hotels.
- Sehenswürdigkeiten sind neben dem Eiffelturm der Triumpfbogen, die Kathedrale Notre-Dame, das Rathaus (Hotel de Ville), der Invalidendom und der Louvre.

Paris – das „Herz" Frankreichs

„Frankreich ist Paris und Paris ist Frankreich".
Diesen Ausspruch hört man sehr häufig in Paris. Kaum eine Hauptstadt eines Landes verkörpert so das Gefühl einer Nation wie Paris für die Franzosen. Alles, was außerhalb der Stadt liegt, ist Provinz. Paris liegt im Norden Frankreichs. Nur 150 km ist die Stadt von der Kanalküste entfernt, aber 400 km vom Atlantik und 600 km vom Mittelmeer. Trotz dieser Randlage bildet sie „das Herz" Frankreichs. Worauf ist diese Bewertung zurückzuführen? Gibt es einen realen Hintergrund für diese Einschätzung?

Bereits 987 wurde Paris französische Hauptstadt. Sehr schnell wuchs die Stadt ringförmig über die frühe Anlage auf einer Seine-Insel hinaus. Die französischen Könige konzentrierten hier über Jahrhunderte hinweg die wirtschaftliche Entwicklung und die Finanzen des gesamten Landes. Das Erscheinungsbild der Stadt und des Umlandes ist somit von ihrer zentralen Stellung und der Industrialisierung geprägt. Viele Straßen und Eisenbahnlinien laufen bis heute als Ergebnis der aufgezeigten Entwicklung strahlenförmig wie die Fäden eines Spinnennetzes auf Paris zu. Zudem bestand in breiten Schichten der Bevölkerung die Vorstellung, dass ein gesellschaftliches und berufliches Fortkommen nur in Paris möglich ist.

Paris ist das wirtschaftliche und kulturelle Zentrum des Landes. Ein Drittel der Wirtschaftskraft konzentriert sich hier. Jeder 6. Franzose lebt in der Hauptstadt. In Paris gibt es ein überwältigendes Warenangebot. Kaufhäuser, Luxusläden, Boutiquen, Märkte für Lebensmittel, Blumen, Haustiere und Antiquitäten bieten Passendes für jeden Geschmack. Über 20 Mio. Touristen besuchen jährlich Paris, davon ein großer Teil aus dem Ausland.

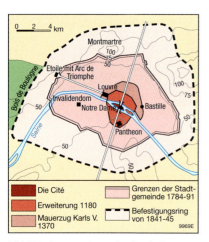

M1 Wachstumsringe der Stadt Paris

Aufgaben

1 Erkläre die Sonderstellung der Stadt Paris in Frankreich.

2 Suche auf einem Stadtplan (Atlas) die Sehenswürdigkeiten. Erkundige dich nach ihrer historischen Bedeutung.

3 Erkläre den Verlauf der französischen Straßen und Eisenbahnen (Atlas).

M2 Die Innenstadt von Paris bei Nacht, in der Bildmitte der Eiffelturm

Paris – eine Mehrkerne-Stadt

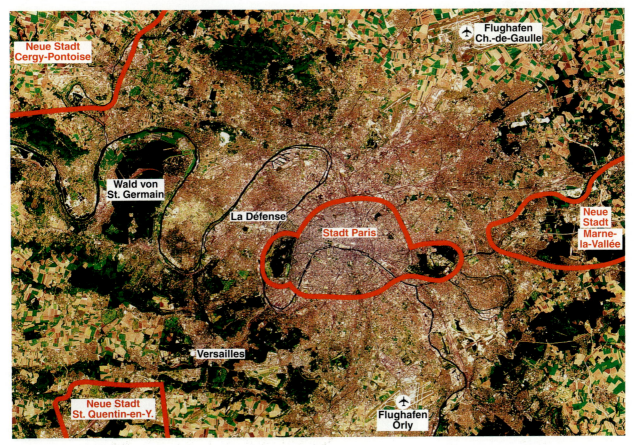

M3 Struktur der Mehrkernestadt Paris

Nach dem Zweiten Weltkrieg setzte eine neue Phase der Stadtentwicklung ein. Das klar definierte Ziel hieß: Sicherung der Stellung Paris' als eine der wichtigsten **Metropolen** der Welt. Dies wurde realisiert durch eine Aufwertung der Kernstadt und durch die Gründung neuer Städte („Villes Nouvelles") im Umland zur Entlastung der Kernstadt. Dieses Konzept hatte Erfolg. Es entstanden eine Reihe bedeutender Bauwerke, die den Ruf der Hauptstadt als kulturelles Zentrum von internationaler Bedeutung festigten. Ein Beispiel dafür ist die 22 m hohe Glas-Pyramide vor dem Louvre.

In den Villes Nouvelles lebt eine halbe Million Menschen. Heute zeigt sich, dass diese neuen Städte zu nah an der Kernstadt errichtet wurden. Mittlerweile wächst der Freiraum zwischen Kernstadt und Neustädten zu. Es entsteht eine „Mega-**Agglomeration**".

Seit den 1980er Jahren entstehen neue Entwicklungspole außerhalb der historischen Stadtgrenzen. Hierbei handelt es sich um große Dienstleistungszentren. Beispiele sind Roissy (am Flughafen Charles-de-Gaulle) im Nordosten und La Defense im Nordwesten. Der Flughafen Charles-de-Gaulle ist mit seinem Passagieraufkommen von 48 Mio. Fluggästen einer der wichtigsten Luftverkehrsknoten Europas.

Aufgaben

4 Erkundige dich mithilfe des Internets über die Aufgaben und die Bedeutung der neuen Bauwerke in Paris.

5 Erkläre, warum neue Städte (Villes Nouvelles) als Entlastungsstandorte für die Kernstadt gebaut wurden.

6 Erläutere den Begriff „Mega-Agglomeration".

7 Erkundige dich nach dem Passagieraufkommen sächsischer Flughäfen. Vergleiche mit Paris-Charles de Gaulle.

M1 Lage des Parks im Osten von Paris

Euro-Disney in Paris – ein neuer Wirtschaftsfaktor

„Von A wie Abenteuer bis Z wie Zukunft, hier bleiben keine Wünsche offen! Erkunden Sie das Königreich der Phantasie, den Park Disneyland! Entdecken Sie einen Ort, der so zauberhaft ist, dass Sie ihn nie wieder vergessen. Ein Ort, an dem es immer wieder etwas Neues zu sehen gibt, einen Ort, wo Träume endlich Wirklichkeit werden! Hier muss man sich amüsieren: Themenrestaurants, Boutiquen, Bars und Clubs – für jeden Geschmack ist etwas dabei. Live-Konzerte, Kinos, Straßenkünstler und der Lake Disney."

(Ausschnitt aus einem Werbeprospekt)

M2 Euro-Disney in Paris

Am 12. April 1992 wurde der Unterhaltungs- und Vergnügungspark Eurodisney, 30 km östlich von Paris in Marne-la-Vallee gelegen, eröffnet. Es ist die zweite Anlage dieser Art außerhalb der USA.

Die Anlage entspricht dem Vorbild des „Magic Kingdom" von „Disneyworld" in Florida/USA. Der Komplex besteht aus einem Themenpark, der Davy Crocket-Farm, dem Festival Disney, einem Golfplatz und fünf Hotels. Rund um das Märchenschloss gruppieren sich im Themenpark fünf verschiedene Bereiche: das „Frontierland" mitten im Wilden Westen, das „Adventureland" voller Piraten und Geheimnisse, das „Fantasyland" mit Märchen und Zeichentrickfiguren, das „Discoveryland" mit der Welt von Morgen und „Main Street, USA", eine Laden- und Lokalpassage. Der neueste Anziehungspunkt ist der „Discovery-Mountain" mit einer großen Achterbahn.

Eurodisney ist ein wichtiger Wirtschaftsfaktor für die gesamte Region. Insgesamt wurden 30 000 neue Arbeitsplätze geschaffen. Die Anlage zog in den ersten Jahren zwischen zehn und zwölf Millionen Besucher aus Frankreich und großen Teilen Europas an. Eine Hauptbesuchergruppe kommt auch aus Deutschland. In den letzten Jahren ging die Anzahl der Gäste aber merklich zurück.

Aufgaben

1 Nenne Gründe, warum für das neue Disneyland der Standort Paris gewählt wurde.

2 Ermittle mithilfe des Internets die Inhalte der Komplexe im Themenpark.

3 Erkläre die Aussage, Eurodisney bildet einen neuen Wirtschaftspol im Umland von Paris.

Der Wirtschaftsraum Ile-de-France

Die Region Ile-de-France umfasst die französische Hauptstadt und die sieben Departements um Paris. Die Region um Paris unterteilt sich in den „Inneren Ring" (3 Departements mit 3,9 Mio. Einwohnern) und den „Großen Ring" (4 Departements mit 5,6 Mio. Einwohnern).

Wirtschaftlich steht die Ile-de-France an erster Stelle in Frankreich. Der Anteil an der französischen Wirtschaftsleistung liegt bei knapp einem Drittel. Der größte Teil davon wird im Dienstleistungssektor erzielt, in dem über vier Millionen Menschen beschäftigt werden. Allein im Bankensektor gibt es eine Million Arbeitsplätze. Die Hälfte aller in Frankreich ansässigen Banken befindet sich in der Region.

Der Tourismus ist eine der Stärken der Ile-de-France. Jährlich besuchen 40 Mio. in- und ausländische Gäste die Region. Neben Paris mit seinen Sehenswürdigkeiten sind es vor allem die großen Schlösser und Museen, die als Tourismusmagneten gelten. Beispiele sind Versailles, Fontainebleau und Saint-Germain-en-Laye.

In der Industrie wird ein Fünftel der Wirtschaftsleistung erarbeitet. Die wichtigsten Industriebereiche sind Hightech-Branchen, wie die Automobil- und die Luftfahrtindustrie, die Elektrotechnik/Elektronik, die Pharmaindustrie und das Druckereigewerbe. Hier konzentrieren sich international tätige Industrieunternehmen. Zu nennen sind Renault, Peugeot, Citroën. Jeder zweite Arbeitsplatz in Frankreich hängt von den Unternehmen ab, deren Firmensitz sich in der Ile-de-France befindet.

Die Konzentration von Arbeitsplätzen wirkt sich auch auf die Bevölkerungsentwicklung aus. Jährlich ziehen etwa 100 000 vor allem junge Menschen zu. Daraus resultiert auch eine relativ junge Bevölkerung, über ein Drittel ist jünger als 25 Jahre. Die Zuwanderer nehmen ihren Wohnsitz meist im Inneren Ring oder im Großen Ring. Paris steht wegen der hohen Mieten, der Lebenshaltungskosten und der Umweltbelastung in der Beliebtheitsskala der Zuwanderer an letzter Stelle.

M4 Ile-de-France

Einwohnerentwicklung (in Mio)		
Jahr	Stadt Paris	Ile-de-France
1900	2,8	5,2
1950	2,9	7,0
1975	2,5	9,7
2000	2,1	11,0

M5 Einwohnerentwicklung

M6 Produkt der französischen Automobilindustrie

Aufgaben

4 Nenne Gründe für die Aussage „Ile-de-France – ein europäischer Entwicklungspol".

5 Begründe, warum vor allem junge Menschen in die Wirtschaftsregion zuwandern.

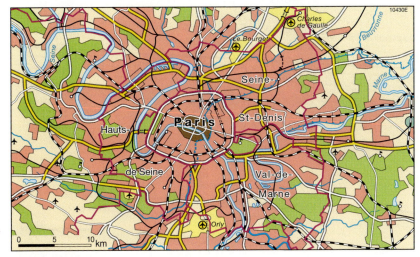

M3 Großraum Paris

Moskau – eine Stadt im Wandel

M1 Lage von Moskau im europäischen Teil Russlands; der Ural trennt den europäischen Teil Russlands von Sibirien (gelb)

Die russische Hauptstadt Moskau (russ.: Moskwa) beging 1997 mit glanzvollen Feierlichkeiten ihr 850-jähriges Jubiläum. Das Ausmaß der Feierlichkeiten entspricht durchaus jener Größe und Blüte, die die alte russische Stadt in den letzten Jahren wieder erreicht hat.
Moskau ist mit Unterbrechung seit der zweiten Hälfte des 15. Jahrhunderts Hauptstadt des einheitlichen russischen Staates. Die Stadt erlebte in ihrer Geschichte drei große Entwicklungsperioden.

Das zaristische Russland

Vom 14. bis zum 17. Jahrhundert entwickelte sich Moskau von einem 1147 erstmals erwähnten Zentrum eines Fürstentums zu einer europäischen Metropole.

Es entstanden Straßen, die aus dem Zentrum in alle Himmelsrichtungen nach außen führten. Dazwischen entstanden die Wohngebiete. In der Stadtmitte stand das Zarenschloss (Kreml) und wurde das Verwaltungszentrum ausgebaut. Die Flächengröße der Stadt betrug im 17. Jahrhundert etwa 19 km².

Im 18. Jahrhundert verlor die Stadt ihre Hauptstadtfunktion, blieb aber weiterhin das ökonomische, religiöse und kulturelle Zentrum des Landes. Die folgenden Stadterweiterungen, die wiederum ringförmig verliefen, vergrößerten die Stadtfläche auf über 70 km². In der zweiten Hälfte des 19. und Anfang des 20. Jahrhunderts entstanden große zusammenhängende Industriegebiete vor allem entlang des Eisenbahnringes um die Stadt.

Info

Moskau in Zahlen

- Fläche 994 km²
  Bevölkerung 8,4 Mio.
- Menschen 112 unterschiedlicher Nationalitäten
- ein Achtel der russischen Wirtschaftsleistung
- knapp drei Viertel aller Auslandsinvestitionen
- vier Fünftel des Finanzpotenzials
- mehr als 80 Universitäten und Hochschulen mit 250 000 Studenten
- über 1000 Forschungsinstitute und Konstruktionsbüros
- 60 Theater
- 74 Museen
- über 3000 Baudenkmale
- 140 Krankenhäuser, 480 Polikliniken
- über 200 Kirchen
- 9 Bahnhöfe, 4 Flughäfen, 3 Binnenhäfen
- 600 Bus-, O-Bus- und Straßenbahnlinien mit einer Gesamtlänge von 260 km, 10 U-Bahnlinien (über 22 Mio. Fahrgäste pro Tag)
- 150 Märkte
- 17 Waldparks, 94 Parks, 427 Grünanlagen

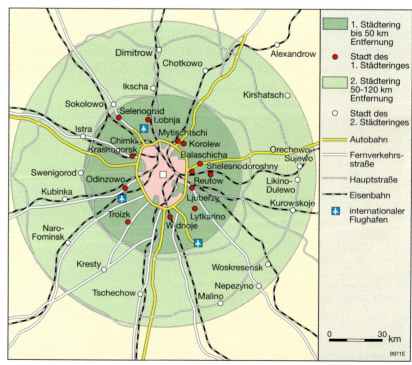

M2 Stadtstruktur Moskaus

Die sozialistische Epoche

1917 übernahmen die Kommunisten in Russland die Macht. Aus dem zaristischen Russland wurde die sozialistische Sowjetunion und Moskau erhielt nach 200 Jahren Unterbrechung seine Hauptstadtfunktion zurück (von 1703 bis 1917 war St. Petersburg die Hauptstadt). Dieser Übergang hatte deutliche Auswirkungen auf die Stadt und ihre Strukturen. Besonders in den 1930er Jahren nahm die Politik sehr starken Einfluss auf die Stadtentwicklung. Dies führte zu einem flächenmäßigen Wachstum der Stadt. 1960 verlagerte man die Stadtgrenze nach außen. Dabei wurden auch große Waldareale und Siedlungen des Umlandes eingemeindet. 1990 war die Stadt 994 km² groß (vgl. Dresden 328 km²).

Jahr	Einwohner
1750	140.000
1800	250.000
1850	350.000
1900	1.050.000
1917	2.000.000
1939	4.600.000
1970	7.200.000
1990	8.700.000
2000	8.400.000

M4 Einwohnerentwicklung der Stadt Moskau

Die Zeit nach dem Zerfall der Sowjetunion

In den Jahren nach 1990 begann man die Stadt den neuen Bedingungen anzupassen. Merkmale dieser Entwicklung sind:
- Die Veränderung der Eigentumsstrukturen in den Bereichen Wohnungswirtschaft, Industrie und Handel,
- eine Verdichtung der Bebauung unter Verlust von Freiflächen und
- eine Veränderung der städtischen Funktionen.

Moskau begann sich rasch zu verändern. Überall entstanden neue Geschäfte und Wohngebäude. Alte Bausubstanz wurde liebevoll restauriert. Ein negatives Ergebnis dieser Entwicklung sind die krassen sozialen Gegensätze in der Bevölkerung: Reichtum neben großer Armut.

M3 Moskau – Millionenstadt am Ufer der Moskwa

Aufgaben

1 Ermittle mithilfe des Atlas folgende Entfernungen:
Moskau – Berlin
Moskau – Wladiwostok
Moskau – St. Petersburg
Moskau – Halbinsel Kamtschatka

2 Erkläre die Stadtstruktur Moskaus in M2. Warum hat sich Moskau flächenmäßig immer weiter ausgedehnt?

3 Nach 1990 wurden die Flächen der Stadt und die Gebäude privatisiert. Welche Auswirkungen hat dies auf die Stadtentwicklung?

Moskau in zwei Tagen

Ein Kurzbesuch – erster Tag

Mit Lufthansa sind wir in drei Stunden von Berlin nach Moskau geflogen. Unsere Erkundung der Stadt beginnen wir am Roten Platz. Er ist der Mittelpunkt von Moskau. Angelegt wurde der Platz im 15. Jahrhundert auf einer Fläche von 500-mal 150 m. Er umfasst damit eine Fläche von etwa 75 000 m². Der Platz erstreckt sich östlich der Kreml-Mauer. Am Roten Platz steht die Basilius-Kathedrale aus dem 16. Jahrhundert mit ihren bunten Zwiebeltürmen.

Unweit davon ist das Lenin-Mausoleum. Hier ist seit 1930 der Begründer der Sowjetunion Lenin aufgebahrt.

Ein Besuch im Kreml darf nicht fehlen. Der Kreml ist eine riesige von einer 21 m hohen Mauer umgebene Anlage aus dem Mittelalter mit vielen Gebäuden und Basiliken. Früher war der Kremlpalast Sitz des Zaren und des Obersten Sowjets (Volksvertretung der Sowjetunion). Heute ist er Kongress-Palast und Sitz des Präsidenten von Russland. Für Besucher des Kreml viel interessanter sind die Erzengel-Michael-Kathedrale und die Maria-Verkündigungs-Kathedrale mit ihren vergoldeten Zwiebeltürmen. Im Inneren findet man sehr schöne Ikonen, Wandfresken und Gräber der Zaren. Man wird vom Prunk und Luxus förmlich erschlagen. Das wird nur noch überboten von den Schätzen der Rüstkammer, in der das „Gold der Zaren" zu bestaunen ist. Weitere Wahrzeichen im Kremlgelände sind der 98 m hohe Turm „Iwan der Große" und die 200 t schwere „Große Glocke".

Besucht haben wir in Moskau auch das Kaufhaus GUM. Dies ist ein großes Galeriegebäude, das 1890 gegenüber der Kreml-Mauer erbaut wurde. Hier kann man in vielen Geschäften typische Waren aus Russland, wie zum Beispiel die Matrjoschka-Steckpuppen, aber mittlerweile auch Luxusartikel aus Westeuropa und den USA kaufen.

Sehenswert für uns war in Moskau auch das Bolschoi-Theater. Es ist das berühmteste Theatergebäude in der Stadt. Wir hatten das große Glück am Abend eine Aufführung des Ballettes „Schwanensee" (Komponist Peter Tschaikowsky) besuchen zu können. Dies war unbeschreiblich schön.

Aufgaben

1 Erkundige dich nach der deutschen Übersetzung der russischen Begriffe „Kreml" und „Zar".

2 Schlage im Atlas nach, in welchen Fluss die Moskwa mündet.

M1 Basiliuskathedrale am Roten Platz

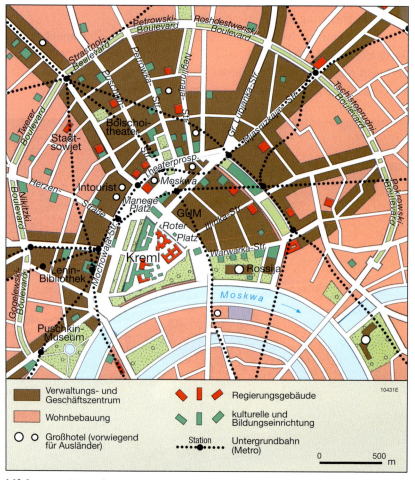

M2 Innenstadt mit Sehenswürdigkeiten

Europa zwischen Atlantik und Ural

Aufgaben

3 Nenne weitere europäische Städte, die auch eine U-Bahn besitzen.

4 Stelle mithilfe des Textes, des Internets und des Atlas eine Exkursionsroute durch Moskau für zwei Tage zusammen. Skizziere die Route und benenne die Exkursionsstandorte (Stadtplan im Atlas).

M3 Die Lomonossow-Universität – die führende wissenschaftliche Einrichtung Russlands

M4 Moskauer Metrostation

M5 Auf dem Arbat

Ein Kurzbesuch – zweiter Tag

Am zweiten Tag unseres Aufenthaltes bummelten wir am Ufer der Moskwa entlang. Der Fluss durchquert in Windungen die Stadt von Nordwest nach Südosten: Die Ufer sind sehr schön. Um sich davon zu überzeugen, sollte man eine Fahrt mit einem Motorboot unternehmen. Leider fehlte uns dazu die Zeit.

Dafür nutzten wir ausgiebig das bekannteste und wichtigste Moskauer Verkehrsmittel, die Metro. Hierbei handelt es sich um eine U-Bahn mit einem weit verzweigten Netz. Täglich nutzen mehr als acht Millionen Fahrgäste die zehn Linien mit ihren über 200 km Länge. Die Metro ist preiswert, sie fährt im Minutentakt. Die Stationen sind architektonische Kunstwerke. Auch über der Erde gleichen die Metro-Stationen oft Palästen.

Wir stiegen am Kalinin-Prospekt aus und liefen von dort zum Arbat. Der Arbat ist eine Art Basarstraße. Hier erlebt man Straßenmusikanten, kann sich Trödel anschauen und auch schöne Souvenirs kaufen. Auch für das leibliche Wohl wird hier gesorgt. Früher war der Arbat das Zentrum von Kunst und Kultur, so haben zum Beispiel Puschkin und Tolstoi hier gelebt. Nach diesen anstrengenden, aber sehr interessanten Tagen mit vielen Eindrücken und Erlebnissen haben wir die russische Metropole wieder verlassen.

Niederlande

M1 Die Niederlande – Land unter dem Meeresspiegel

Neulandgewinnung in den Niederlanden als Form des Küstenschutzes

Die Niederlande liegen an der Nordsee. Die Menschen dort haben schon immer im Kampf mit dem Wasser gestanden. Heute liegt etwa ein Viertel der Fläche des Landes unter dem Meeresspiegel. Warum ist das so?

Seit etwa 7000 Jahren steigt durch die Erwärmung nach der letzten Kaltzeit der Meeresspiegel an. Dabei geht jährlich Land verloren. Die Menschen versuchen, diese Verluste so gering wie möglich zu halten oder sogar Neuland zu gewinnen. Sie haben unterschiedliche Methoden entwickelt. Man begann mit dem Bau von Deichen. Diese sollten die Siedlungen und landwirtschaftlichen Nutzflächen vor Überschwemmung und Verlust schützen.

Durch die Einwirkungen von Wind und Wasser kam es regelmäßig zu Deichbrüchen und damit zu Katastrophen mit vielen Toten und dem Verlust an Hab und Gut.

Vor etwa 800 Jahren begannen die Menschen mit der Eindeichung, das heißt der Gewinnung von Neuland.

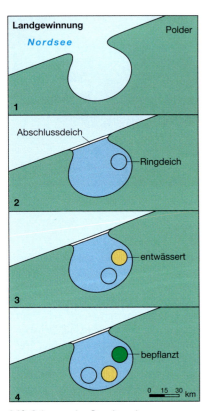

M2 Schema der Landgewinnung

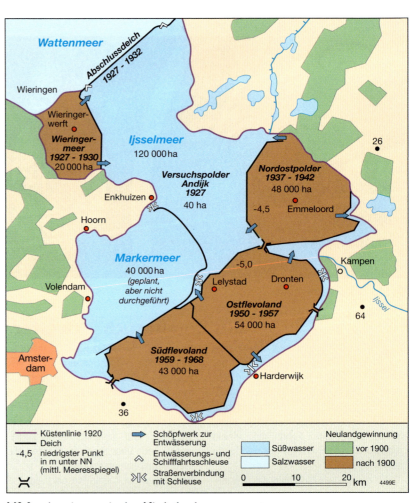

M3 Landgewinnung in den Niederlanden

Das Deltaprojekt

Das Delta, das die Flüsse Rhein, Maas und Schelde bei ihrer Mündung in die Nordsee bilden, war bei Hochwasser besonders gefährdet. Vor allem bei Nord-West-Wind wurde Wasser in die Flussmündungen gedrückt. Dies bedeutete, dass das Flusswasser nicht in das Meer konnte. Nach der letzten großen Sturmflut im Januar 1953 mit 1850 Toten, 72 000 obdachlosen Menschen und 200 000 ha überfluteten Landes beschloss die niederländische Regierung den Deltaplan, der bereits vorher begonnen wurde, beschleunigt umzusetzen.
Man plante einen Damm zu errichten, der die Mündungen der drei Flüsse vom Meer abriegeln sollte. Sieben Ziele sollten damit gleichzeitig erreicht werden:
- Erhöhung der Sicherheit der Bevölkerung
- Verringerung der Überschwemmungsgefahr
- Schutz der landwirtschaftlich genutzten Flächen vor Versalzung
- Schaffung von Süßwasserflächen
- Verkürzung der Küstenlinie
- Schaffung von neuem Lebensraum für die Menschen
- Schaffung neuer Verkehrswege über Dämme und Brücken.

Das Deltaprojekt wurde aus ökologischen Gründen leicht verändert abgeschlossen. Zur Trennung von Süß- und Salzwasser baute man 1986 in der Oosterschelde ein dreiteiliges Schutzwehr, das bei einer Sturmflut herabgelassen werden kann.

M4 Das Deltagebiet 1953 und nach Abschluss des Projekts

Das Zuiderseeprojekt

Im Mündungsgebiet des Flusses Ijssel war durch Sturmfluten in historischer Zeit eine große Bucht entstanden. Diese trug den Namen Zuidersee. Ende des 19. Jahrhunderts entstand die Idee, dieses Gebiet wieder dem Meer abzuringen und für den Menschen nutzbar zu machen. Hintergrund war der entstandene Mangel an Fläche. Während in den letzten 150 Jahren sich die Bevölkerung verfünffachte, nahm die Fläche nur um 20 Prozent zu. Der zur Verfügung stehende Raum schrumpfte so von 11 000 m^2/Ew. auf 2 400 m^2/Ew.
In den Jahren 1927 bis 1932 wurde zwischen Nordholland und Friesland ein großer Abschlussdamm errichtet. Dadurch verkürzte sich die Länge der Küste von 300 km auf 30 km. Aus der salzhaltigen Zuidersee entwickelte sich durch den stetigen Zufluss der Ijssel ein Süßwassersee, das Ijsselmeer.
Im Anschluss daran fand die Einpolderung statt. Dies erfolgte jeweils in vier Schritten:
1. Bau eines Ringdeiches, 2. Herauspumpen des Wassers, 3. Anlegen von Entwässerungsgräben, 4. Bearbeitung des ehemaligen Meeresbodens; auf diesem Wege entstanden vier **Polder** (M2/M3).
Auf den Bau des geplanten Polders Markerward wurde aus ökologischen und wirtschaftlichen Gründen verzichtet.

Aufgaben

1 Ein Viertel des niederländischen Staatsgebietes liegt unter dem Meeresspiegel. Erkläre, warum dies so ist.

2 Erkläre, warum die Neulandgewinnung eine Form des Küstenschutzes ist.

3 Erläutere den Begriff „Polder".

4 Nenne Gründe, warum das Delta von Rhein, Maas und Schelde bei Hochwasser gefährdet ist.

Gewusst wie

Wir werten Satellitenbilder aus

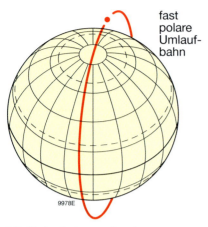

M1 Umlaufbahn von Landsat

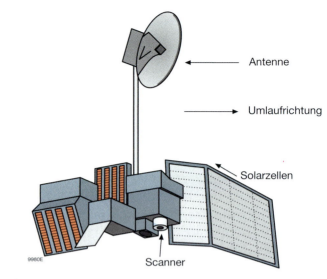

M3 Landsat

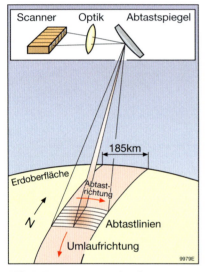

M2 Aufnahmeprinzip des Scanners von Landsat

Fernerkundungssatelliten erforschen die Erde

Mit dem Start des ersten künstlichen Raumflugkörpers, dem sowjetischen Satelliten „Sputnik 1" am 7. Oktober 1957, eröffnete sich für den Menschen die Möglichkeit, die Erde aus dem Weltraum zu beobachten. So können wir im Geographieunterricht neben Karten und Luftbildern auch Weltraumbilder auswerten.

Das nebenstehende Satellitenbild vom Ijsselmeer in den Niederlanden ist jedoch keine Fotografie, sondern eine so genannte Scanneraufnahme. Der Scanner ist ein Gerät, das die Erdoberfläche Bildpunkt für Bildpunkt, Linie für Linie abtastet. Dabei misst er das von den verschiedenen Objekten der Erdoberfläche unterschiedlich zurückgeworfene (reflektierte) Sonnenlicht (M2).

Dieser Scanner ist auf einem amerikanischen Satelliten mit der Bezeichnung „Landsat" montiert (M3). Der Satellit beschreibt eine Bahn, die über die Pole der Erde führt – eine polnahe Umlaufbahn. So wird die Erdoberfläche in Streifen mit einer Breite von ca. 185 km aufgenommen. Alle 16 Tage kann Landsat wieder dasselbe Gebiet abtasten.

Den zur Erde übertragenen Bildern werden nun je nach Auswertungsaufgaben Farben beigemischt. Das nebenstehende Satellitenbild ist eine so genannte naturnahe Grünversion. Um viele Objekte im Bild leicht wieder zu erkennen, hat man vor allem echte Farben, wie sie auch in der Natur vorkommen, beigemischt. So erscheint zum Beispiel die Vegetation in grünen Farbtönen. Siedlungen dagegen erhielten rote und die Gewässer schwarze bzw. blaue Farbtöne.

Nach der Tabelle (M2) auf Seite 100 kannst du die wichtigsten Objekte bestimmen (identifizieren). Dabei musst du wissen, dass in einem Satellitenbild nur Merkmale der Flächennutzung direkt erkennbar sind. Wie du bei der Auswertung vorgehen musst, erfährst du auf Seite 101 (Schrittfolge).

Aufgaben

1 Suche im Lexikon oder anderen Nachschlagewerken weitere technische Daten von Landsat.

2 Informiere dich über weitere Erdfernerkundungssatelliten und ihre technischen Daten sowie Aufnahmesysteme.

Gewusst wie

M4 Das Ijsselmeer und Umgebung in den Niederlanden aus dem Weltraum

Gewusst wie

Wir werten Satellitenbilder aus

M1 Das Ijsselmeer auf der Karte, die nach dem Satellitenbild gezeichnet wurde

Auswertung des Satellitenbildes Ijsselmeer

Du hast bereits Informationen über das Zuiderseeprojekt erhalten. Im Satellitenbild „Ijsselmeer" sind die vier vom Menschen geschaffenen Polderflächen zu erkennen. Besonders deutlich sieht man die ackerbauliche Nutzung von Südflevoland an den größeren Felderstrukturen gegenüber denen der anderen Polderbereiche. Auch die Stadt Amsterdam mit ihrem Hafengebiet ist sogar aus dem Weltraum sichtbar.
Auf Südflevoland entwickelt sich die neue Stadt Almere, die einmal über 200 000 Menschen beherbergen soll. Im Ijsselmeer und an dessen nordwestlichen Rand sieht man schmale Linien – die Deiche, die auch als

Aufgaben

1 Werte das Satellitenbild auf Seite 99 nach der Methode S. 101 aus. Erfasse dabei in einer Skizze (M3): Meeresgebiete, Festlandsgebiete, Inseln und Poldergebiete im Ijsselmeer.
Zeichne in die Skizze weitere von dir identifizierte Objekte ein: Binnenseen, Waldgebiete, Strände bzw. Küstendünen, große Städte, Flüsse, Verkehrstrassen.

2 Grenze im Satellitenbild Wald- und Offenlandflächen von Grünland- und Ackerlandnutzung ab.

3 Vergleiche deine Skizze mit der Karte M1.

Bildmerkmale	Identifizierte reale Objekte
Bereiche mit schwarzem Farbton	Wasserflächen (Meer, Seen)
Hellblaue Bereiche mit schwarzen Linien an der Nordseeküste	Wattbereich bei Ebbe mit Prielen und Fahrrinnen
Helle, dünne Linien im Meeresbereich	Deiche
Dunkle, dünne Linien auf dem Festland	Verkehrstrassen, Flüsse/Kanäle
Bereiche hellgelber Farbtöne im Küstenbereich	Strandbereiche/Küstendünen
Bereiche mit rotem bis dunkelrotem Farbton	Siedlungen
Bereiche mit hellen Grüntönen	Grünland
Bereiche mittlerer bis dunkler Grüntöne	Wald- und Forstbereiche
Gesprenkelte Muster gelber, grüner, hellbrauner bis rotbrauner Farbtöne	Ackerland in verschiedenen Nutzungszuständen

M2 Identifikation von Objekten im Satellitenbild „Ijsselmeer"

Gewusst wie

Verkehrsverbindungen genutzt werden. Der nördliche Deich trennt deutlich das Ijsselmeer vom Watt, das hier bei Ebbe aufgenommen wurde, ab.

Aus den Bildmustern und Farbtönen kann man unterschiedliche Flächennutzungsmerkmale identifizieren. Die überwiegende Nutzung ist Grünland und Ackerland. Es sind aber auch vereinzelt Waldstücke erkennbar, die nicht mit den tiefschwarzen Binnenseen verwechselt werden dürfen.

Deutlich erkennbar ist der Wattbereich, der gerade bei Ebbe nahezu trocken liegt. Die schwarzen Priele und Fahrrinnen enden zwischen den Westfriesischen Inseln.

M3 Interpretationsskizze zur Auswertung des Satellitenbildes „Ijsselmeer"

Methode

Auswerten von Satellitenbildern – Schrittfolge

1. Vorbereitung der Auswertung
- Informationen über den Raumflugkörper, über Aufnahmegerät, -art, -zeitpunkt, -bedingungen zusammentragen
- Einordnen des im Satellitenbild abgebildeten Raumes in ein größeres Gebiet (Atlas)
- Einordnen des Satellitenbildes
- Sammlung zusätzlicher Informationen über den abgebildeten Raum aus Atlanten, Fachbüchern usw.

2. Identifikation von Bildmerkmalen
- Erkennen von realen Objektmerkmalen der Erdoberfläche aus Bildmerkmalen wie Form, Farbe, Muster, Anordnung der Bildobjekte

3. Interpretation von weiteren Merkmalen und Zusammenhängen
- Mithilfe von Zusatzinformationen aus Atlanten, Nachschlagewerken und Fachbüchern auf weitere, nicht direkt im Satellitenbild erkennbare Merkmale der Erdoberfläche schlussfolgern

4. Darstellen der Auswertungsergebnisse
- z. B. Anfertigung einer Interpretationsskizze

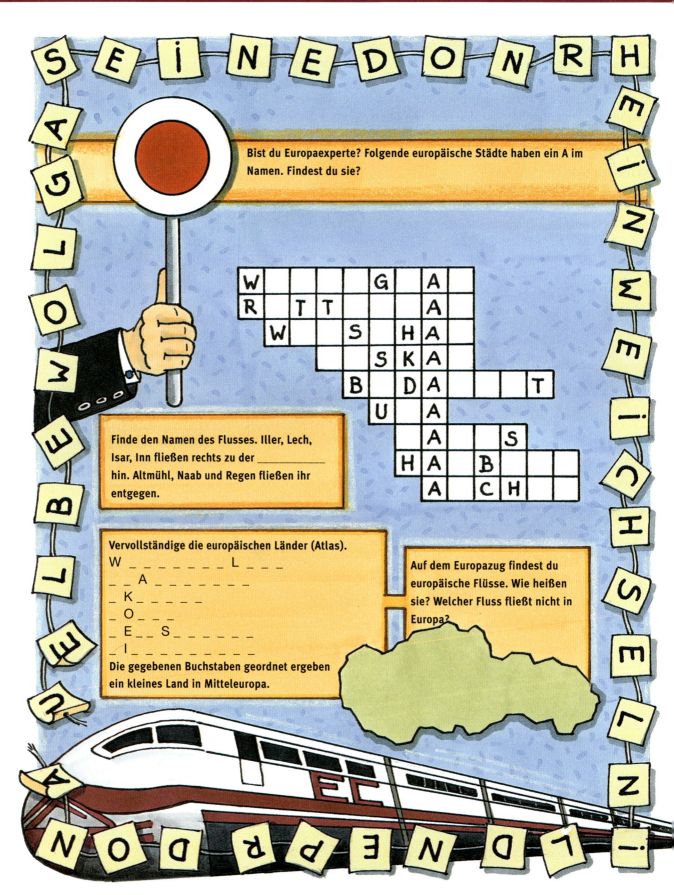

Alles klar!

Klima- und Vegetationsunterschiede von West nach Ost

Westwinde transportieren feuchte Luftmassen vom Atlantik landeinwärts über Europa. Dabei verändern die Luftmassen ihre Eigenschaften und prägen das Klima unterschiedlich.

Im Westen Europas herrscht Seeklima mit milden, feuchten Wintern und kühlen, feuchten Sommern. Mitteleuropa hat ein Übergangsklima. Trockene, warme Sommer und trockene, oft sehr kalte Winter bestimmen das Kontinentalklima im Osten Europas. Diese Untergliederungen der gemäßigten Zone bezeichnet man als Klimatypen.

Die Vegetation passt sich den Klimamerkmalen an. Zwischen Atlantik und Ural entsteht eine Abfolge der Vegetationszonen Laub- und Mischwaldzone, Nördliche Nadelwaldzone (Taiga) und Steppenzone.

Strukturwandel in altindustriellen Ballungsgebieten und Metropolen

In Europa gibt es eine Vielzahl von Ballungsgebieten. Die Gebiete Mittelengland, Elsass-Lothringen und Oberschlesien entwickelten sich sehr früh auf Grund ausgiebiger Steinkohlen- und zum Teil auch Eisenerzlagerstätten zu Zentren des Bergbaus sowie der Eisenhütten- und Stahlindustrie.

Ähnlich wie im Ruhrgebiet erforderten Kohle- und Stahlkrisen in diesen Gebieten einen Strukturwandel. Moderne Industrie- und Dienstleistungsbranchen lösten die alten Industriezweige ab. So siedelten sich in Mittelengland und in Elsass-Lothringen Hightech-Betriebe (z. B. Automobilbau, spezialisierter Maschinenbau, Elektronik) sowie Dienstleistungs- und Logistikunternehmen an. Im polnischen GOP versucht die Regierung Investoren anzulocken. Opel errichtete ein Werk für 2500 Beschäftigte.

Die größten Städte Europas – Paris, Moskau, London – sind Weltmetropolen (Global Cities). Sie sind die wirtschaftlichen, politischen und kulturellen Zentren ihrer Länder Frankreich, Russland und England.

Neulandgewinnung und Hochwasserschutz an der Nordsee

In den Niederlanden wurde über Jahrzehnte das Zuiderseeprojekt zur Gewinnung von Polderland aus dem Meer durchgeführt. Dabei hat man vier große Polderbereiche mit einer Gesamtfläche von 165 Quadratkilometern (ein Zwanzigstel der Fläche der Niederlanden) dem Ijsselmeer abgerungen. Dieses Land und die gesamte Küstenregion muss vor immer wiederkehrendem Hochwasser durch Deiche und Dämme geschützt werden.

Das Deltaprojekt mit seinen Schutzeinrichtungen riegelt die Mündungen von Rhein, Maas und Schelde bei Sturmflutgefahr von der Nordsee ab.

Das Wichtigste kurz gefasst:

www

www.visitbritain.de
www.londontown.com
http://www.france.diplomatie.fr./france/de/index.html
http://de.wikipedia.org/wiki/Moskau#Allgemeines
www.holland.com/de/
http://de.wikipedia.org/wiki/Niederlande

Grundbegriffe

Seeklima
Landklima
Laub- und Mischwaldzone
Taiga
Steppe
Industrialisierung
Suburbanisierung
Schwerindustrie
Logistikunternehmen
Metallurgie
Global City
Commonwealth of Nations
Metropole
Agglomeration
Polder

Im Alpenraum

Räumliche Orientierung 106

Höhenstufen der Vegetation 108

Gletscher in den Alpen 110

Massentourismus in den Alpen 112

Verkehrswege in den Alpen 114

Gefährdete Alpen 116

Alles klar? 118

Alles klar! 119

M1 Bau einer Skistation in den Alpen

Räumliche Orientierung

Info

Oberflächenformen im Hochgebirge

Hochgebirge weisen in der Regel steile und schroffe Felsmassive auf. Die Gebirgskämme sind sehr schmal. Am Fuß der Hänge haben sich riesige Decken aus abgetragenem Gesteinsschutt abgelagert. Gletscher schürften vielfach die Täler der Flüsse trogartig aus und vergrößerten sie so. Es entstanden breite, so genannte Trog- oder U-Täler. Hier befinden sich Siedlungen und Verkehrswege.

Die Alpen – „quer" durch Europa

Die Alpen sind Europas größtes und höchstes Hochgebirge und bilden eine natürliche Grenze zu Südeuropa. Sie erstrecken sich von Genua bis in die Nähe von Wien über ca. 1000 km. Die höchsten Gipfel dieses Hochgebirges sind ganzjährig mit Schnee und Eis bedeckt, wie zum Beispiel der Montblanc, der höchste Berg Europas. Er ist einer der „Viertausender" in den Alpen, allein in der Schweiz sind es rund 30.

Der Alpenraum nimmt eine Fläche von 200 000 km² ein, etwa 50-mal mehr als zum Beispiel das Erzgebirge. Daran haben sieben Länder Anteil (M1). Somit wird er politisch, sprachlich und kulturell gegliedert. Zum Beispiel spricht man in den Westalpen französisch, in den südlichen Alpen italienisch.

Staat	Fläche (km²)	Alpenanteil in km²
Österreich	84 000	60 000
Italien	301 000	55 000
Frankreich	544 000	35 000
Schweiz	41 000	25 000
Deutschland	357 000	7 000
Slowenien	20 000	7 000
Liechtenstein	160	160

M1 Überblick über die Alpenländer

Aufgabe

1 a) Ermittle die Namen in der Übungskarte M2.
b) Liste die fünf höchsten Berge der Alpen und deren Höhe auf (Atlas). In welchen Teilen der Alpen liegen sie (M5)?

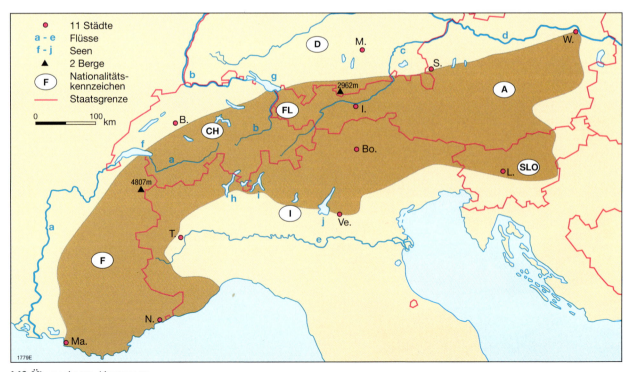

M2 Übungskarte Alpenraum

Im Alpenraum

Die Alpen, aus der Luft betrachtet

Wie du aus M5 und Atlaskarten entnehmen kannst, wird der mächtige Gebirgszug Alpen gegliedert. Diese Teilbereiche wiederum bestehen aus „Bausteinen". Das verrät ein Blick aus dem Flugzeug (M4). Zwischen den schneebedeckten Bergketten verlaufen dunkle Bänder. Das sind vor allem **Längs-**, weniger **Quertäler**. Sie gliedern die Alpen in **Gebirgsgruppen**. Ein solches Quertal ist das Tessin, das Rhônetal in den Westalpen hingegen ist ein Längstal. Die Täler begünstigten seit Jahrtausenden die Durchquerung der Alpen.

M5 Gliederung der Alpen

M3 Blick zur Zugspitze

Aufgaben

2 Ordne den Ländern in M1 ihre Hauptstädte zu.

3 a) Erkläre die Begriffe Längs- und Quertal mithilfe des Atlas.
b) Suche Flüsse, die in Längstälern fließen.

M4 Über den Alpen

Höhenstufen der Vegetation

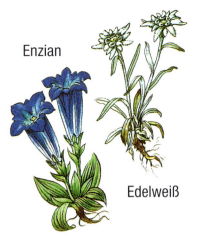

M1 Alpenblumen (Fels- und Mattenzone)

Vom Mischwald in die Gletscherzone

Von Garmisch „fast" bis zur Zugspitze – eine Hochgebirgstour
(Aus einem Aufsatz eines 16-jährigen Mountainbikers)

... Am Mittwoch, dem 25. August, sollte es losgehen, diesmal ohne Bike und Zahnradbahn, versteht sich. Gestern lasen wir in einem Prospekt: „Über die Hälfte der in Europa gefährdeten Tier- und Pflanzenarten, zum Beispiel Steinadler, Steinbock, Murmeltier, leben in den Alpen." Sollten wir sie wirklich zu Gesicht bekommen? ... Der Bergführer empfahl uns, einen warmen Pulli, Wind- und Regenschutz, Sonnenöl mit hohem Lichtschutzfaktor und Sonnenbrille einzupacken. Wozu nur?

... Frühmorgens Start zur Hochgebirgstour. Über dem Loisachtal lag noch dichter Nebel. Es ging sofort steil bergan, zunächst durch Buchen und Eichen, dann durch Fichten und Tannen, schließlich durch flache, verkrüppelte Bergkiefern ...

Vor uns nun Bergwiesen – Sonne, Licht, kühler Bergwind. An einer Berghütte machten wir Rast. Mit Tinos Fernglas konnte ich die schneebedeckte Bergspitze sehen, darunter schroffe Felsen. Über uns kreiste ein Steinadler, nahe der Hütte waren Murmeltiere.

... Plötzlich schlug das Wetter um: Sturm, dicke schwarze Wolken, Regenschauer, ... schade, wir mussten bei diesem Wetter zurück ...

M2 Tiere und Höhenstufen der Vegetation in den Alpen

Im Alpenraum

Mit der Temperatur ändert sich die Vegetation

Wie du in M2 erkennen kannst, sinken die Temperaturen mit zunehmender Höhe. Der Wind wird stärker. Damit verschlechtern sich auch die Wachstumsbedingungen für die Pflanzen. Die Zeit, in der sie wachsen können, wird immer kürzer. Pro 100 m Höhenunterschied macht das eine Woche aus. Je höher also ein Gebiet liegt, desto schwieriger ist es für Pflanzen zu überleben. Um aber überleben zu können, mussten sie sich diesen ungünstigen Bedingungen anpassen. So haben sich **Höhenstufen der Vegetation** herausgebildet. Besonders oberhalb der Baumgrenze sind die Pflanzen hohen Temperaturschwankungen ausgesetzt. Im Frühjahr werden hier am Boden mitunter 40° C gemessen, nachts −10° C.

Auch die Alpentiere passten sich den harten Bedingungen im Hochgebirge an. Steinbock und Gämse zum Beispiel haben ein dichtes Fell und sind ausgezeichnete Kletterer.

Aufgaben

1 Ordne die im Text und M2 genannten Pflanzen und Tiere der jeweiligen Höhenstufe der Vegetation zu.

2 Erkläre, warum sich die Tier- und Pflanzenwelt mit zunehmender Höhe ändert (M2).

3 Die Fotos M3–M6 weisen auf unterschiedliche Höhenstufen der Vegetation hin. Ordne sie der jeweiligen Höhenstufe zu (M2).

M3 Dolomiten/Italien

M5 St. Gotthard/Schweiz

M4 Kaprun/Österreich

M6 Bayerische Alpen/Deutschland

Gletscher in den Alpen

Aufgaben

1 Wiederhole den Aufbau eines Gletschers (S. 48 M1).

2 Erkläre folgenden Ausspruch: „Ötzi ist ein Zeitzeuge der Jungsteinzeit".

Gletscher – Reste der Eiszeiten

In den Eiszeiten bedeckten mehrere hundert Meter mächtige Gletscher weite Teile der Alpen und ihres Vorlandes. Diese flossen langsam aus den Hochlagen des Gebirges durch die Täler bis ins Vorland. Hier schmolzen sie ab (vgl. Norddeutsches Tiefland, S. 52).
Heute sind in den Alpen noch etwa 4000 kleinere und größere Gletscher vorhanden. Warum konnten diese bis heute „überleben"? In Höhen über 2500–2700 m reichen die Temperaturen nicht aus, um sie abzuschmelzen. Der Schneefall im Laufe des Jahres sorgt dafür, dass sie sich „erneuern". Diesen „Erneuerungsraum" bezeichnet man als Nährgebiet. In tiefer gelegenen, wärmeren Bereichen beginnen Gletscher zu schmelzen. Man spricht vom Zehrgebiet. Häufige Gletscherspalten (M1) weisen darauf hin. Deshalb sollten Gletscher nur mit erfahrenen Bergführern begangen werden. Am Ende der Gletscherzunge tritt aus dem Gletschertor Gletscherwasser aus. Seitlich und vor dem Gletscher sind Moränen abgelagert (vergl. S. 48, M1).

Info

Ötzi – der Mann aus dem Eis

Vor etwa 5300 Jahren war ein Mann in den Ötztaler Alpen unterwegs, mit schadhafter Ausrüstung und ohne Proviant. In eisiger Höhe ereilte ihn der Tod. Unvorstellbar lange Zeit später wird er als gefriergetrocknete Mumie geborgen und unter dem Kosenamen „Ötzi" weltweit bekannt. Am 19. September 1991 gab das Gletschereis wieder frei, was es Jahrtausende konserviert hatte – nicht nur den Körper des Mannes, sondern auch seine Ausrüstungsgegenstände und Teile seiner Kleidung. Diese erzählen uns vom Leben in der Jungsteinzeit.

Ötzi war für das Leben im Hochgebirge perfekt ausgerüstet. Ein knielanger Fellmantel schützte ihn gegen Wind und Kälte. Bei Regen und Schnee legte er einen kunstvoll geflochtenen Grasmantel um seine Schultern, auf diese Weise perlten die Tropfen ab. Die Bärenfellmütze schützte vor der Kälte. Auch die Schuhe waren raffiniert konstruiert und ideal für lange Märsche durch unwegsames Gelände: sie waren mit Heu ausgestopft, der Außenschuh bestand aus Hirschleder, die Bärenfellsohle hatte sogar „Profil". Auch hatte er alles bei sich, was er benötigte, um ein Lagerfeuer entfachen oder Waffen herstellen zu können.

(G. Sulzenbacher: Die Gletschermumie. Mit Ötzi auf Entdeckungsreise durch die Jungsteinzeit. Wien/Bozen 2002); www.iceman.it, www.oetzi-dorf.com

M1 Überquerung eines Gletschers

Im Alpenraum

Leis' schwindet das Gletschereis

Auch gegenwärtig sind die Gletscher noch „unterwegs". Der Hintertuxer Gletscher (Zillertal/Österreich) zum Beispiel schiebt sich jährlich 40 m nach unten, manche Gletscher einige Meter am Tag. Unterhalb der Schneegrenze tauen sie ab und hinterlassen deutlich sichtbare Steinwälle (Moränen).

Die Alpengletscher sind seit 1850 stark geschrumpft. Von den 120 Gletschern der Schweiz stoßen gegenwärtig nur noch sechs vor, die meisten schmelzen weiterhin ab. Besonders in den 1990er Jahren und danach war und ist der Gletscherschwund hoch. Wo liegt die Ursache? Nach 1850 setzte auch im Alpenraum eine Erwärmung des Klimas ein. Insbesondere im letzten Jahrzehnt wurden die wahrscheinlich höchsten Temperaturen des vergangenen Jahrtausends gemessen. Österreichs größter Gletscher, die Pasterze im Großglockner-Gebiet, schmolz 2003 fünf Meter ab. Viele Wissenschaftler sind der Meinung, dass die Temperaturen auch weiterhin weltweit zunehmen, also auch in den Alpen. Sie sagen ein „Gletschersterben" noch in diesem Jahrhundert voraus.

M3 Ötzi

M2 Jamtalferner Gletscher, links im Jahr 1929, rechts im Jahr 2001 (Jamtalhütte, 2163 m und Dreiländerspitze, 3186 m)

Info

Wenn Gletscher abschmelzen, leiden Natur und Mensch

- Felswände und Moränenschutt werden vom Gletschereis nicht mehr gehalten. Erdrutsche, Fels- und Bergstürze können Alpendörfer und Verkehrswege bedrohen.
- Reißende Gletscherbäche, die Eis und Geröll mitführen, gefährden Alpenseen und Rückhaltebecken (S. 109, M5).
- Sommerskilauf auf Gletschern wird nur noch in geringerem Maße möglich sein.

Aufgaben

3 Vergleiche den Zustand des Jamtalferner Gletschers 1929 und 2001. Verwende die Fachbegriffe aus M1, S. 48.

4 Erläutere, welche Folgen die weltweite Erwärmung für die Alpengletscher hat.

Massentourismus in den Alpen

M1 Garmisch-Partenkirchen im Sommer (Sommersaison)

Vom Bergbauerndorf zum Fremdenverkehrsort

Bis Ende der 1950er Jahre waren die Siedlungen in den Alpen vorwiegend Bergbauerndörfer. Die größeren unter ihnen verfügten aber bereits über Hotels und Pensionen, die Wanderer, Skiläufer und Bergsteiger beherbergten. In den Bergbauerndörfern wurde das Vieh im Sommer auf die Bergwiesen der Mattenzone getrieben (S. 109, M3). Diese Form der Viehwirtschaft in den Alpen wird als Almwirtschaft bezeichnet. Mit dem Beginn der 1960er Jahre vollzog sich der Wandel in den Bergbauerndörfern. Viele Bergbauern gaben die Höfe auf oder betreiben Almwirtschaft nur noch im Nebenerwerb. Ohne eine weitere Erwerbsquelle, den Tourismus, hätten viele Bergbauern kaum überleben können.

In den Tälern schossen Hotels, Gasthäuser und Freizeiteinrichtungen wie „Pilze aus dem Boden". An den Hängen entstanden Kabinen- und Sesselbahnen.

M2 Rinder beim Almabtrieb

Im Alpenraum

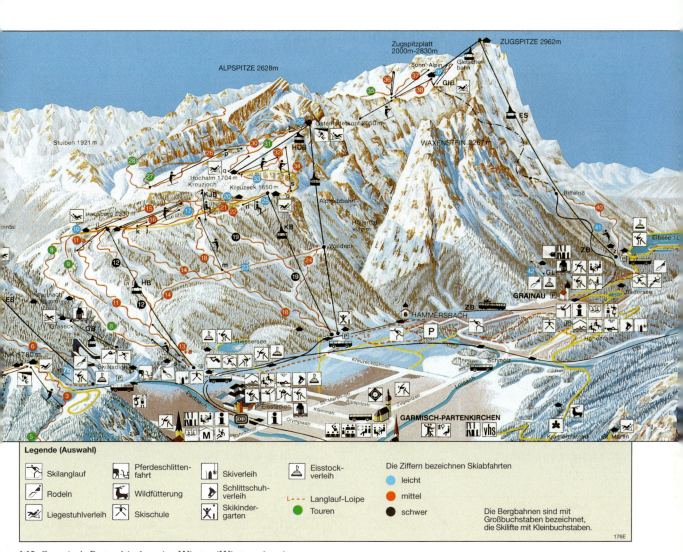

M3 Garmisch-Partenkirchen im Winter (Wintersaison)

Touristen in Massen – Spitze in Europa

Die Alpen sind das größte Tourismusgebiet Europas. In den großen Ferienzentren, wie zum Beispiel im Zillertal (Österreich), ist der Tourismus der wichtigste Wirschaftszweig. Er schafft Arbeitsplätze für die Alpenbewohner. Sie arbeiten in Fremdenverkehrsbüros, Hotels, Pensionen und Restaurants. Andere sind als Bergführer und Skilehrer tätig oder gehören zum Personal der Skilifte und Gondelbahnen.

Viele Fremdenverkehrsorte sind weltberühmt, zum Beispiel Garmisch-Partenkirchen, Davos (Schweiz), Chamonix (Frankreich). Sie vermarkten, wie Tourismusfachleute sagen, die Hochgebirgslandschaft: bunte Almwiesen, „schneesichere" Gletscher, ...

Vor allem seit Mitte der 1960er Jahre reisen Millionen Touristen mit dem Pkw an. Es entwickelte sich der **Massentourismus**. Nach Garmisch-Partenkirchen kommen jährlich ca. 300 000 Gäste. 1841 übernachteten hier 167 Urlauber in acht Gasthöfen.

Aufgaben

1 Stelle ein Programm für drei Urlaubstage auf (Sommer oder Winter).

2 Fertige eine Liste mit Möglichkeiten für verregnete Tage an.

3 Erkläre, warum sich Bergbauerndörfer zu Fremdenverkehrsorten wandelten.

4 Suche die im Text genannten Tourismusorte im Atlas auf. In welchen Gebirgsgruppen liegen sie?

Verkehrswege in den Alpen

Die Alpen – ein natürliches Verkehrshindernis

M1 Postkutsche am Grimsel-Pass (Schweiz)

M2 St.-Gotthard-Passstraße (Schweiz)

Mit Ochsenkarren und Tragtieren über die Alpen

Hannibal, ein karthagischer Feldherr, hatte die Überquerung der Alpen mit Elefanten versucht und schaffte es mit großen Verlusten. Die Römer bauten Militärstraßen über eisfreie Gebirgsübergänge, über die später Ochsenkarren ratterten. Seit dem Mittelalter wurden die Alpen auf 300 – 400 schmalen Saumwegen überwunden. Sie dienten u. a. dem Handel mit Salz aus Tirol. Das war bei meterhohem Schnee im Winter oft nicht möglich. Einige dieser Wege wurden nach 1830 für Lastfuhrwerke und Postkutschen ausgebaut.

Über Pässe und durch Tunnel

Wie aus Atlaskarten und M3 zu entnehmen ist, verlaufen Straßen und Eisenbahnlinien in trogartigen Alpentälern. Um Umwege zu vermeiden, wurden Straßen über niedrig gelegene Bergrücken und Hochtäler geführt. Solche Einschnitte in die Gebirgszüge werden als **Pässe** bezeichnet. Nur wenige sind ganzjährig befahrbar. Damit griff der Mensch verstärkt in die Hochgebirgslandschaft ein. Als der Massentourismus einsetzte, wurden Straßen verbreitert, Autobahnen und große Brücken errichtet. Überbauungen wehren Lawinen und Steinschlag ab. Der kürzeste Weg durch die Alpen führt jedoch meist durch Tunnel.

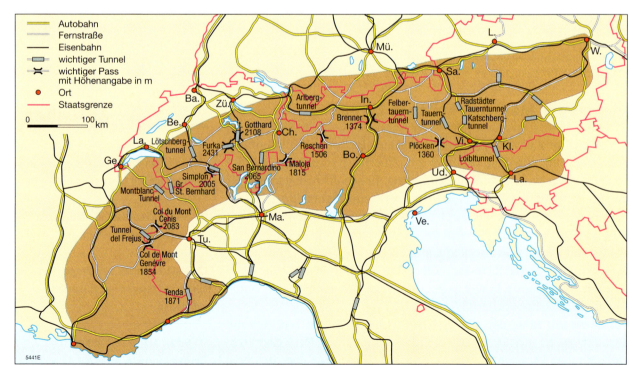

M3 Wichtige Verkehrswege in den Alpen

Im Alpenraum

Immer mehr Straßenverkehr

Kein anderes Hochgebirge der Erde durchziehen so viele Straßen und Eisenbahnen. Dennoch häufen sich Staus auf Autobahnen und vor Tunneln, vor allem zu Beginn der Ferienzeit in Deutschland. Hinzu kommt noch der Verkehr, der Einheimische und Gäste mit lebensnotwendigen Gütern versorgt, außerdem der Transitverkehr. Insbesondere für die Alpengemeinden entlang der Autobahnen werden die Umweltbelastungen unerträglich. Neue, große Alpentunnel sollen mithelfen das Verkehrsproblem zu lösen.

Neue Tunnel geplant oder im Bau (Beispiele), Ziel:
Von der Straße auf die Schiene

Frankreich/Italien
Strecke Lyon-Turin: insgesamt 46 Tunnel, längster 52 km, Geschwindigkeit von Personenzügen 300 km/Std.

Schweiz
St.-Gotthard-Eisenbahntunnel: täglich verkehren 200 Güterzüge

M4 Lawinenverbauungen

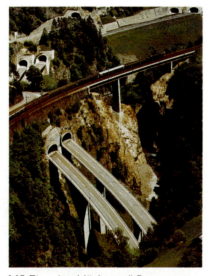

M5 Ein „durchlöcherter" Berg

Dicke Luft am Brenner

Der Brenner ist die am meisten befahrene Passstraße der Alpen. 11 Mio. Fahrzeuge überqueren ihn jährlich, davon 1,5 Mio. Lkw. Verkehrsexperten mahnen: Es wird noch schlimmer kommen. Vor allem in der Hauptreisezeit herrscht auf der Brennerautobahn dichter Verkehr. Die Fahrzeuge tausender von Urlaubern drängen sich zwischen die vielen Lastkraftwagen. Die Lkw transportieren Güter innerhalb der EU, hauptsächlich zwischen den Industriegebieten Mitteleuropas und denen Norditaliens. Dafür ist der Brenner der günstigste Weg über die Alpen.

Der Brennerpass liegt nur 1374 m hoch, die Autobahn führt durch keine großen Tunnel und die Gebühren sind im Vergleich zur Schweiz billiger. Doch gerade die Lkw machen die Anwohner entlang der Brennerautobahn besorgt und wütend. Schon mehrfach haben sie mit ihren Protesten die Autobahn tagelang blockiert. Sie klagen über starke Lärm- und Luftbelastungen. Deshalb versucht man, den Lkw-Verkehr stärker auf die Schiene zu verlagern. Dazu muss aber der Schienenweg noch weiter ausgebaut werden.

Aufgaben

1 Berichte, wie die Alpen in historischer Zeit überwunden wurden.

2 Suche die in M3 genannten Pässe und Tunnel im Atlas auf.

3 Ein Pkw fährt auf dem kürzesten Weg von Mailand nach Zürich.
a) Welche Längs- (oder Quertäler) werden durchfahren?
b) Welcher bedeutende Tunnel bzw. Pass wird benutzt?

4 Entwickelt gemeinsam ein Flugblatt, in dem Bewohner der Alpen durchreisende Touristen auf ihre Probleme aufmerksam machen.

5 Erkläre den Ausspruch: „Verkehr – von der Straße auf die Schiene".

Gefährdete Alpen

Erstaunlich!
- Nahezu alle Skipisten Südtirols (Italien) können bei Bedarf in kürzester Zeit „kunstbeschneit" werden.
- In den Sommermonaten versuchen sich täglich etwa 200 Bergsteiger am Matterhorn, dem bekanntesten Berg der Schweizer Alpen.
- Hannibals Alpenüberquerung (247 – 183 v. Chr.) wird im Skistadion von Sölden (Österreich) vor tausenden Zuschauern nachgestellt. Dabei werden Pistenraupen zu Elefanten, Skiläufer zur Kriegern. Das nächtliche Spektakel wird untermalt durch Lichteffekte, Musik, Videos und Pyrotechnik.

Alpenkonvention

1995 beschlossen die Alpenländer ein Abkommen zum Schutz der Alpen. Schon zeigen sich erste Erfolge: Manche Gemeinden verbieten den weiteren Ausbau von Skianlagen und verhindern den Bau großer Appartementhäuser. Die Bergbauern werden mit Geld unterstützt, damit sie weiterhin ihre traditionelle Viehwirtschaft betreiben können. Bedrohte Tierarten dürfen nicht mehr gejagt und seltene Pflanzen nicht mehr gepflückt werden. Die Feriengäste sollen auch in Zukunft Bauernhöfe im Tal, Kühe auf der Alm und Enzian an der Felswand bewundern können. Diese Ziele erreichen die Alpenländer nur gemeinsam.

Aber nicht immer halten sich die Alpenländer und ihre etwa 600 Tourismusorte an die Alpenkonvention. So werben Gletscherskigebiete ständig mit neuen Attraktionen, wie breiteren und längeren Pisten, schnelleren Seilbahnen und Skiliften. Manche Wintersportorte empfehlen ihre „Pisten bis vor die Haustür" (M2). Vor allem Trendsportarten werden jüngeren Gästen angeboten, die das Abenteuer suchen, zum Beispiel Mountainbiking.

M1 Skipiste im Sommer

M2 Kunstschneepisten und Verkehrslawinen

Aufgaben

1 Gib erste Erfolge der Alpenkonvention mit eigenen Worten wieder.

2 Das Montblanc-Gebiet, die Walliser Alpen und die Ötztaler Alpen sind beliebte Gletscherski-Zentren. Zu welchen Ländern gehören sie?

Einwirkung des Menschen/Touristen	Folgen für die Hochgebirgslandschaft
Straßen- und Liftbauten:	zerstören Wälder an Steilhängen (Bannwälder), die Wintersportorte in den Tälern vor Lawinen schützen.
Pistenraupen:	beschädigen oder zerstören die Pflanzendecke, die den Boden festhält. Schmelzwasser spült dann den Boden ab.
Tiefschneefahrer:	können Lawinen auslösen.
Schneekanonen:	Pflanzen sterben unter hart gepresster Schneedecke ab.
Mountainbiker, Motocrossfahrer:	grobe Reifenprofile reißen dünne Rasendecke auf.
Wanderer, die Wege verlassen:	zertreten Gras- und Krautschicht, die oberhalb 1800 m jährlich nur 1 mm wächst.

Im Alpenraum

Die Alpen schützen – ja, aber wie?

Der Massentourismus hat im Alpenraum insgesamt kaum nachgelassen. Viele Alpendörfer sind durch ihn reich geworden. Zahlreichen Familien hat er Wohlstand gebracht. Immer mehr Alpenbewohner erkennen jedoch, dass „ihr" Gebirge gefährdet ist. „In eine kaputte Hochgebirgslandschaft kommen keine Touristen mehr", sagen sie. Deshalb sei ein naturschonender und umweltfreundlicher Tourismus dringend notwendig.

Enttäuscht stellen sie fest, dass immer mehr Massenveranstaltungen stattfinden. Die Tal- und Almwiesen würden „zertrampelt", Lärm- und Luftverschmutzungen nähmen zu. Immer häufiger klagen Umweltschützer und Naturfreunde über „manche Trendsportler". Sie missachten die „einfachsten Regeln zum Schutz der Bergwelt" (M3, M4, M8). Damit die Luft nicht verpestet wird, haben zum Beispiel in Bettmeralp (Schweiz) mit Kraftstoff angetriebene Autos Fahrverbot. Elektrofahrzeuge und Pferdekutschen befördern die Urlauber und das Reisegepäck. Nur Rettungsfahrzeuge und Feuerwehren im Einsatz bilden Ausnahmen.

Aufgaben

3 Gefährdungen des Alpenraumes:
a) Ordne die Fotos M3 – M8 den „Einwirkungen des Menschen" zu (Text, Kasten, S. 116).
b) Berichte über jeweilige Folgen.

4 Zeichne zwei Berge in dein Heft. Der eine soll zeigen, wie er vor dem Massentourismus aussah, der andere, wie er jetzt aussehen könnte.

5 Erkläre, warum sich immer mehr Alpenbewohner gegen den Massentourismus wehren.

Trendsportarten: Was tun, was lassen?

M3 Mountainbiker

M4 Wanderer

M5 Eisfallkletterer

M6 Wildwasserfahrer im Gebirge

M7 Halfpipe

M8 Tiefschneefahrer

Alles klar?

Massentourismus im Alpenraum

Der kleine Außerirdische träumt von Urlaub. Da entsinnt er sich der Alpen. Dorthin will er reisen. Es sind schon fast 100 Jahre vergangen, als der Außerirdische in den Alpen war. Er entsinnt sich blühender Bergwiesen, weißer Gipfel, sauberer Gebirgsluft – weit und breit kein Mensch zu sehen.
Schnell hat er seinen Wanderrucksack gepackt und fliegt zur Erde. Doch als er in den Alpen landet, erkennt er sein Urlaubsparadies kaum wieder.

Aus dem Reisetagebuch und dem Fotoalbum des Außerirdischen

1 Irrt hier der Außerirdische? Hilf ihm seine Irrtümer zu korrigieren.
... unter Buchen und Tannen „pfiffen" Murmeltiere und der Enzian blühte rot, auf den hohen Bergen liegen riesige Gletscher, viel größer als 1910,
... den Brenner-Pass überqueren Postkutschen.

2 Der kleine Außerirdische vergleicht ungläubig seine beiden Urlaubsschnappschüsse von Garmisch-Partenkirchen. Welches der beiden Erinnerungsfotos hat er wohl auf seiner ersten Reise im Jahr 1910 aufgenommen? Begründe deine Wahl.

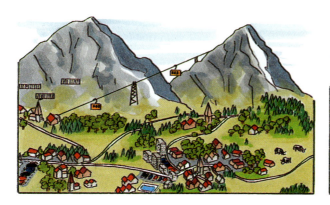

Massentourismus seit vier Jahrzehnten

Mit Beginn des Massentourismus in den 1960er Jahren wurden die Alpenberge zur „Sportarena". Dies trifft vor allem auf die Wintersaison zu. Das Landschaftsbild und das Leben der Menschen in den Bergbauerndörfern begann sich zu verändern, nicht immer positiv.

3 Manches „neu Entstandene" lässt sich sowohl positiv als auch negativ bewerten. Diskutiere die Ergebnisse mit deinen Mitschülern.

- Rückgang der traditionellen Almwirtschaft
- Angebot von Arbeitsplätzen in Hotels und Freizeiteinrichtungen
- neue Straßen und Parkplätze
- Ausbau des Freizeitangebotes
- Abholzung der Wälder für Skilifte und Wanderwege
- Lawinengefahr
- Bemühungen um Naturschutz (z. B. Alpenkonvention)
- Erschließung unberührter Gebiete für den Winter- und Sommertourismus

Alles klar!

Räumliche Orientierung

Die Alpen sind das größte Hochgebirge Europas. Sie trennen Mitteleuropa Südeuropa. Zwischen den einzelnen Gebirgsgruppen verlaufen Längs- und Quertäler. Sieben europäische Länder haben an den Alpen Anteil.

Höhenstufen der Vegetation

Mit zunehmender Höhe nehmen die Temperaturen ab. Damit verkürzt sich auch die Wachstumszeit der Vegetation. In Anpassung an das Klima haben sich Höhenstufen der Vegetation entwickelt. Überleben können in der jeweiligen Höhenstufe nur Pflanzen und Tiere, die sich den besonderen Bedingungen angepasst haben.

Gletscher in den Alpen

Oberhalb der Schneegrenze erneuern sich Gletscher ständig. Auf ihrem Weg ins Tal überform(t)en die Gletscher die Alpentäler. Besonders seit den 1990er Jahren sind Gletscher erheblich abgeschmolzen. Viele Wissenschaftler machen dafür die weltweite Erwärmung des Klimas verantwortlich.

Massentourismus

Die Alpen sind das größte Tourismusgebiet Europas. Seit den 1960er Jahren wandelten sich in den Alpenländern die Bergbauerndörfer zu Fremdenverkehrsorten. Zahlreiche Baumaßnahmen sollten den ständig wachsenden Fremdenverkehr bewältigen. Er schuf viele Verdienstmöglichkeiten.

Verkehrswege über die Alpen

Die Alpen stellen ein natürliches Hindernis mitten in Europa dar. Die Verkehrswege verlaufen hier in trogartigen Längs- und Quertälern, über Pässe und durch Tunnel. Als der Massentourismus aufkam, wurden vor allem Straßen ausgebaut und es entstanden Autobahnen. Mensch und Hochgebirgslandschaft leiden immer mehr unter den Umweltbelastungen.

Gefährdete Alpen

Seit Jahrzehnten gefährdet der Massentourismus die Hochgebirgslandschaft. Vielfache Schäden werden immer deutlicher sichtbar. Die Alpenkonvention wird oft nicht eingehalten. Dagegen wehren sich zunehmend nicht nur Naturschützer.

Das Wichtigste kurz gefasst:

www

http://proclimfm.unibe.ch/im/
www.wwf.de/regionen/welt/
alpen/de.wikipedia.org/wiki/
Alpen

http://www.gym-hartberg.ac.at/
gym/gwk/referate/alpen.htm

Grundbegriffe:

Längs-, Quertal
Gebirgsgruppen
Höhenstufen der Vegetation
Massentourismus
Pass

Im Süden Europas

Räumliche Orientierung 122

Erdbeben und Vulkane 124

Vulkane: gefährlich und nützlich 126

Gewusst wie:
Wir bauen ein Modell 129

Kulturpflanzen aus dem
Mittelmeerraum 130

Landwirtschaft in Südeuropa 132

Massentourismus am Mittelmeer 134

Mittelmeerverschmutzung 136

Alles klar? 138

Alles klar! 139

M1 Portofino am Golf von Genua

Räumliche Orientierung

Staat	Fläche (in 1000 km²)	Einwohnerzahl (in Mio.)
Albanien	29	3,4
Griechenland	132	10,5
Italien	301	57,1
Portugal	92	9,9
Spanien	505	39,4

M1 Daten zu ausgewählten Staaten Südeuropas

Aufgaben

1 Nenne die Hauptstädte zu den in M1 aufgeführten Staaten. Nutze dazu den Atlas.

2 Ordne die Inseln und Halbinseln der Tabelle M5 den entsprechenden Staaten zu.

3 Erkläre, warum Portugal kein Mittelmeerland ist.

Im Süden Europas

Jedes Jahr fahren viele Menschen nach Südeuropa, um dort ihren Badeurlaub an den herrlichen Stränden des Mittelmeeres zu verbringen. Das subtropische Klima mit seinen sehr warmen und trockenen Sommern bietet hierfür günstige Voraussetzungen. Auf Ausflügen besichtigen die Urlauber die antiken Stätten der Römer und Griechen. Sie lernen eine andere Lebensweise, neue Speisen und die Gastfreundschaft der dort lebenden Bevölkerung kennen.

Die Länder Südeuropas liegen auf drei großen Halbinseln: der Iberischen Halbinsel im Westen, der Apenninen-Halbinsel im zentralen Bereich und der Balkan-Halbinsel im Osten. Mit Ausnahme Portugals grenzen diese Staaten an das Mittelmeer.

In der Flächengröße der südeuropäischen Länder gibt es beträchtliche Unterschiede. Neben Spanien und Griechenland mit einer großen Fläche findet man auch so genannte „Zwergstaaten".

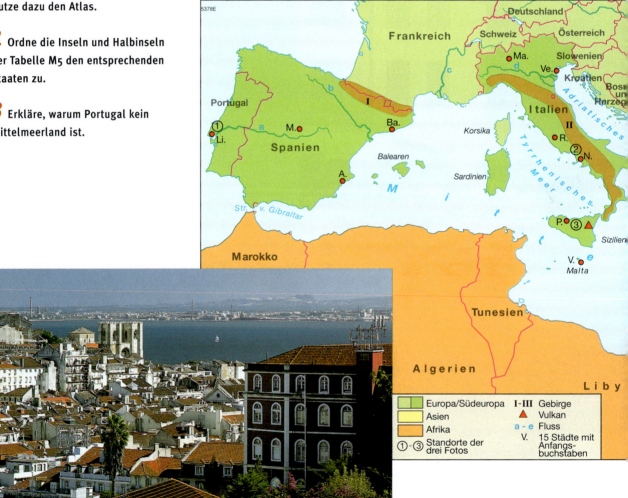

M2 Blick auf Lissabon

Im Süden Europas

M3 Blick von Pompeji auf den Vesuv

Inseln	Halbinseln
Balearen	Iberische Halbinsel
Sardinien	Apenninen-Halbinsel
Sizilien	Balkan-Halbinsel
Kreta	Peloponnes

M5 Ausgewählte Inseln und Halbinseln Südeuropas

Aufgaben

4 Zum Süden Europas gehören vier „Zwergstaaten". Nenne sie.

5 Ermittle die in der Übungskarte markierten topografischen Begriffe.

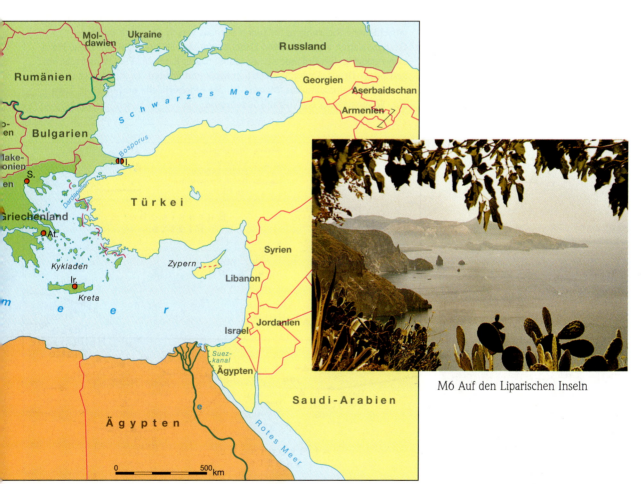

M6 Auf den Liparischen Inseln

M4 Südeuropa und der gesamte Mittelmeerraum (Übungskarte)

Erdbeben und Vulkane

Name	Lage	Höhe
Vesuv	Neapel	1277 m
Ätna	Sizilien	3350 m
Stromboli	Liparische Inseln	926 m
Hekla	Island	1491 m
Surtsey	vor Island	173 m
Kilimandscharo	Ostafrika	5895 m
Fujisan	Japan	3776 m
Saint Helens	USA	2549 m
Mauna Loa	Hawaii	4169 m

M1 Bedeutende Vulkane auf der Erde

Unruhiger Mittelmeerraum

Im Süden Europas müssen die Menschen von alters her mit besonderen Naturbedingungen leben. Hier gibt es aktive Vulkane und heiße Quellen. In manchen Gebieten dampft es aus der Erde. An diesen Stellen ist der Boden ganz warm. Nicht selten hören wir Meldungen zu Erdbeben in Südeuropa. **Erdbeben** sind Erschütterungen des Erdbodens durch Vorgänge im Erdinneren. Sie treten völlig überraschend auf und dauern nur wenige Augenblicke. Oft wird ein Erdbeben von zahlreichen Nachbeben begleitet.

Erdbeben können unterschiedlich stark sein. Bei den meisten handelt es sich um leichte Beben, deren Erschütterungen man kaum spürt. Einige Erdbeben sind aber so gewaltig, dass sie große Zerstörungen anrichten.

Info: Wie Erdbeben und Vulkane entstehen

Die Gesteinshülle der Erde ist in riesige Platten gegliedert. Sie bewegen sich in verschiedene Richtungen. Im Süden Europas verschieben sich mehrere Gesteinsplatten gegeneinander. Dabei bauen sich Spannungen auf. Diese lösen sich ruckartig. Ein Erdbeben ist entstanden. Am Rand der Platten herrscht ein gewaltiger Druck. Dadurch entstehen Risse und Spalten. In ihnen gelangt glutflüssige Gesteinsschmelze (**Magma**) an die Erdoberfläche und fließt als **Lava** aus. So entstanden die Vulkane Südeuropas.

M2 Zerstörungen durch ein Erdbeben

M3 Plattengrenzen im Mittelmeerraum

Im Süden Europas

Ort/Region	Zeitpunkt	Stärke (Richter-skala)	Opfer	Auswirkungen
Kobe/Japan	16.01.1995	7,2	> 6000 Tote	Verwüstung der Stadt, Umstürzen der Hochstraße
Kolumbien	25.01.1999	6,3	700 Tote, 4700 Verletzte, 250 000 Obdachlose	Starke Zerstörungen an Gebäuden
Athen/Griechenland	08.09.1999	5,9	95 Tote, > 400 Verletzte, 60 000 Obdachlose	Schwere Gebäudeschäden, Panik unter der Bevölkerung
N-Afghanistan	23.05.2002	6,0	4800 Tote, 150 000 Obdachlose	Totalzerstörung von Dörfern
Sizilien/Italien	06.09.2002	6,1	3 Verletzte	Gebäudeschäden
Apulien/Italien	30.10.2002	5,4	29 Tote	Einsturz von Wohnhäusern
Hokkaido/Japan	25.09.2003	8,0	1 Toter	370000 Haushalte zeitweise ohne Strom/Wasser
Bam/SO-Iran	26.12.2003	6,6	> 30 000 Tote, > 30 000 Verletzte, 60 000 Obdachlose	Bam (Altstadt = Weltkulturerbe) fast völlig zerstört

M4 Stärke und Auswirkungen schwerer Erdbeben in den vergangenen Jahren

„Samstag, 23.11.1980, zwischen 19.37 und 0.40 Uhr: Mehr als 200 Erdstöße; die schwersten davon in den ersten eineinhalb Minuten. 90 Sekunden, die für viele die Ewigkeit bedeuten. 3300 Tote, mehr als 8000 Verletzte, rund 300 000 Menschen obdachlos. Verheerende Verwüstungen. Vier Provinzen um Neapel werden zum Katastrophengebiet erklärt."

Meldung einer Nachrichtenagentur

Info

Seismogramm und Richterskala

Seismografen liefern den Wissenschaftlern eine Vielzahl von Informationen über ein Erdbeben. Aus den verwirrend erscheinenden Zickzacklinien der Seismogramme können sie Stärke, Dauer und Ort der Beben ablesen. Anhand von Daten aus dem Seismogramm leitete der amerikanische Forscher Richter 1935 einen Maßstab für die Stärke eines Erdbebens ab. Die schwächsten haben den Wert 1. Das bisher gewaltigste Beben erreichte einen Wert weit über 8. Die Skala hat keine obere Grenze. Fast jede Meldung über ein Erdbeben nennt heute die Stärke des Bebens „auf der nach oben offenen Richterskala".

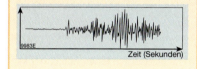

Leben mit der Gefahr

Die Zerstörungen nach einem Erdbeben können in dicht besiedelten Gebieten sehr groß sein. Es gibt oft viele Verletzte und auch Todesopfer. Trotz des Leides, dass die Menschen durch solche Naturgewalten erfahren, bemühen sie sich, die Schäden schnell zu beseitigen.

Rettungskräfte aus anderen europäischen Staaten unterstützen die betroffene Bevölkerung bei der Bergung und Versorgung der Verletzten. Aber mitunter ist es für die Hilfskräfte gar nicht so einfach, in das geschädigte Gebiet zu gelangen. Straßen, Brücken und Häuser sind zerstört. Durch gerissene Gasleitungen entstehen Brände, die nicht gelöscht werden können. Defekte Wasserleitungen erschweren die Trinkwasserversorgung. Die Gefahr von Krankheiten nimmt zu.

Sicher habt ihr euch schon gefragt, ob man solche Katastrophen vermeiden kann. Einen wirklichen Schutz vor Erdbeben gibt es nicht. Aber man kann die Zerstörungen verringern. Wissenschaftler forschen an der Vorhersage von Erdbeben. So könnten die Bewohner der gefährdeten Gebiete rechtzeitig informiert werden. Es werden heute bebensichere Häuser gebaut. Außerdem wird die Bevölkerung über das Verhalten während und nach einem Erdbeben aufgeklärt.

Aufgaben

1 Erkläre, was man unter einem Erdbeben versteht.

2 Beschreibe Zerstörungen und Probleme, die mit starken Erdbeben verbunden sind.

3 Vergleiche die Folgen einiger schwerer Erdbeben (M4). Überlege, warum die Schäden so unterschiedlich groß sind.

4 Nenne Möglichkeiten, die Auswirkungen von Beben zu verringern.

5 Suche im Atlas bebengefährdete Gebiete der Erde auf.

Vulkane: gefährlich und nützlich

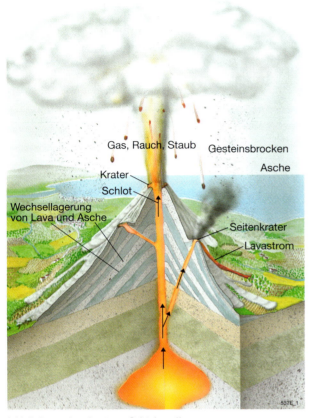

M1 Schnitt durch einen Schichtvulkan

M2 Schichtvulkan Ätna mit aktuellem Ausbruch

Schichtvulkane in Südeuropa

Der Aufbau
Die südeuropäischen Vulkane ähneln sich im Aufbau. Sie haben eine kegelförmige Gestalt. Die Spitze wird durch eine trichterartige Vertiefung, den Krater, gebildet. Er ist das obere Ende des Schlotes, durch den Magma aus der Magmakammer an die Erdoberfläche gelangen kann. Manche Vulkane besitzen neben dem Hauptkrater auch Seitenkrater. Die Vulkane bauen sich während ihrer aktiven Phasen aus Lava- und Ascheschichten selbst auf. Sie werden deshalb als Schichtvulkane bezeichnet.

Das Ausbruchverhalten
Vor einem Ausbruch sammelt sich in der Magmakammer eine bis zu 1200° C heiße Gesteinsschmelze an. Gase, die im Magma enthalten sind, treiben die Schmelze empor. Wenn der Schlot durch aufsteigendes Magma verstopft wird, reichern sich die Gase an. Der Druck im Inneren erhöht sich. Es kommt zum explosionsartigen Entweichen der angestauten Gase und des Magmas. Dabei werden große und kleine Gesteinsbrocken sowie Asche empor geschleudert. Zähflüssige Lava strömt aus dem Krater aus und erkaltet später. Eine solche Eruption ist häufig mit Erschütterungen der Erde im Bereich des Vulkans verbunden.

Der Ausbruch ist noch nicht vorbei

Dass es für Entwarnungen noch zu früh ist, zeigte sich am Donnerstag (26.07.2001) in der zunehmenden Intensität des Ausbruchs.
Ein gestern entstandener neuer Lavastrom beschädigte Teile der Seilbahn und der Skiliftanlage. Einige Stützen der Bahn sowie eine Materialhütte wurden beschädigt. Die Lava zerstörte die größte Talstation bei Nicolosi und verschüttete Teile der Umgehungsstraße des Ätna-Naturschutzgebietes. Bagger arbeiteten mit Hochdruck an der Errichtung von Dämmen.

(nach Presseberichten wdr.de; vulkanausbruch.de)

M3 Ausbruch des Ätna

Im Süden Europas

Leben am Vulkan

Vulkane können für den Menschen sehr gefährlich sein. Besonders starke Ausbrüche vertreiben die Einwohner der betroffenen Regionen. Wenn aber die sichtbare Gefahr vorbei ist, kehren die meisten an die Unglücksorte zurück. In einigen vulkanischen Gebieten ist die Bevölkerungsdichte hoch, weil sich dort günstige Nutzungsmöglichkeiten bieten.

Im Bereich des Vesuvs leben heute zum Beispiel mehr als 2,5 Mio. Menschen. Sie bauten ihre Häuser sogar direkt am Hang des Vulkankegels. Die unmittelbare Nähe zum Vulkan wurde bereits in der Antike der Stadt Pompeji zum Verhängnis. Sie versank 79 n. Chr. mit etwa zehn weiteren Ortschaften durch den gewaltigen Ausbruch des Vesuvs unter einer mehrere Meter mächtigen Ascheschicht.

Auf den Vulkanaschen entwickeln sich sehr fruchtbare Böden. Diese werden intensiv landwirtschaftlich genutzt. Es gedeihen anspruchsvolle Kulturen wie Wein und Zitrusfrüchte. Aus vulkanischem Gestein stellt man Baustoffe her, die für den Haus- und Straßenbau benötigt werden.

Vulkangebiete werden von Wissenschaftlern ständig überwacht, um Informationen über einen bevorstehenden Ausbruch zu sammeln. An den Messstationen werden die Bodentemperatur und die Zusammensetzung der vulkanischen Gase kontrolliert. Gibt es Anhaltspunkte für einen bevorstehenden Ausbruch, wird die Bevölkerung gewarnt.

Aufgaben

1 Erkläre den Aufbau eines Schichtvulkans (M1).

2 Beschreibe das typische Ausbruchverhalten von Schichtvulkanen (M1, M2).

3 Berichte über die Gefahren während einer starken Eruption.

4 Nenne Nutzungsmöglichkeiten vulkanischer Gebiete (M4).

5 Berichte über die Zerstörungen beim Ausbruch des Ätna im Sommer 2001 (M3).

6 Informiere dich in Nachschlagewerken über die Ereignisse am Vesuv von 79 n. Chr.

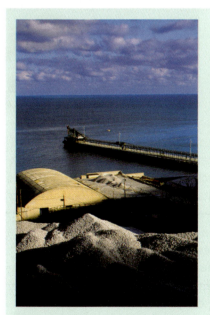

Bimssteinabbau
Bimsstein wird beispielsweise auf Lipari abgebaut. Er findet als Baustoff und Schleif- und Poliermittel Verwendung.

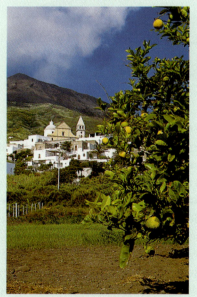

Zitronenanbau am Stromboli
Auf den fruchtbaren Vulkanböden sind im Jahr bis zu drei Ernten der wohlschmeckenden Zitronen möglich.

Baden im Schlamm
ist auf Vulcano ausdrücklich erwünscht. Warme, schwefelhaltige Quellen haben eine heilende Wirkung.

M4 Nutzungsmöglichkeiten vulkanischer Gebiete

M1 Reiseroute und Lage der Liparischen Inseln

Exkursion zum Stromboli-Leuchtturm des Mittelmeeres

Ankunft auf Stromboli

Langsam näherte sich die Fähre den Liparischen Inseln. Die Überfahrt von Neapel dauerte die gesamte Nacht. Wir konnten kaum schlafen. Das lag nicht nur an der Schwüle dieser Sommernacht. Aufregung machte sich breit. So stand unsere Gruppe bereits in den frühen Morgenstunden auf, um den Stromboli, den „Leuchtturm des Mittelmeeres" zu entdecken. Alle Blicke waren gespannt auf den Horizont gerichtet. Und da tauchte er langsam aus dem Dunst, der über dem Tyrrhenischen Meer lag, auf und gab Rauchzeichen.

Wenig später breitete er sich majestätisch vor uns aus. Wir konnten es kaum erwarten, den Boden des Stromboli zu betreten. Im Hafen herrschte bei der Ankunft der Fähre reges Treiben. Aber unsere Reisegruppe hatte keine Augen dafür. Alle dachten schon an den Abend und die Besteigung des Vulkans.

M2 Blick auf Stromboli

M3 Stromboli-Aufstieg

Besteigung des Stromboli

Endlich war es so weit. Ausgerüstet mit festem Schuhwerk, Schutzhelm, Taschenlampe und einem Rucksack mit mindestens einem Liter Trinkwasser und Fotoausrüstung statteten wir dem Stromboli voller Respekt einen Besuch ab. Mitunter war der Aufstieg beschwerlich, denn der Weg war von Lavabrocken und Asche bedeckt. Man musste sehr aufmerksam sein, um keine Gesteinslawinen loszutreten.

Während des Aufstiegs vernahm die Gruppe in regelmäßigen Abständen ein dumpfes Grollen, das die Eruptionen des Vulkans begleitete. Wir sahen wie Lockermaterial über die „Feuerrutsche" ins Meer fiel.

Es war bereits dunkel, als wir auf halber Höhe unseren Beobachtungsstandort erreichten. Der Bergführer erklärte uns, dass ein weiterer Aufstieg zu gefährlich wäre, weil der Stromboli zurzeit sehr aktiv sei.

Überwältigt erlebten wir nun regelmäßig alle 15 Minuten ein faszinierendes Naturschauspiel – das „Leuchtfeuer" des „Leuchtturms des Mittelmeeres".

Aufgaben

1 Beschreibe die Lage der Liparischen Inseln.

2 Nenne die einzelnen Liparischen Inseln.

3 Begründe die Notwendigkeit der Ausrüstungsgegenstände für die Besteigung des Vulkans.

4 Erkläre, warum der Stromboli als „Leuchtturm des Mittelmeeres" bezeichnet wird.

5 Erkläre den Begriff Modell.

6 Fertige mit deinen Mitschülern ein Modell zum Schichtvulkan an. Beachte die benötigten Materialien und beschriebenen Arbeitsschritte.

Wir bauen ein Modell

Gewusst wie

Modelle im Geographieunterricht

Modelle sind verkleinerte und vereinfachte Abbilder. Sie dienen der Veranschaulichung von bestimmten Sachverhalten und erleichtern damit auch das Lernen. Es gibt verschiedene Modellgruppen: konkrete und illustrative, theoretische sowie Aktions- und Verhaltensmodelle.

Zu den Modellen der ersten Gruppe gehören neben unterschiedlichen Kartenarten, Profilen und Zeichnungen (illustrativ) auch Nachbildungen von Landschaftsausschnitten, wie zum Beispiel Steil- und Flachküsten oder Vulkantypen. Die Darstellung der Probleme des Massentourismus in den Alpen als Teufelskreislauf zählt zu den theoretischen Modellen.

Methode

Bau eines Schichtvulkanmodells

1. Arbeitsschritt: Bearbeiten des Styropors
Aus den 5 cm dicken Styroporplatten werden folgende Stücke geschnitten: 2 Platten 50 x 70 cm, 1 Platte 40 x 60 cm, 2 Platten 30 x 50 cm, 1 Platte 20 x 30 cm, 1 Platte 10 x 10 cm. Diese Stücke werden Schicht für Schicht treppenförmig zu einem „Berg" aufgebaut, aber noch nicht verklebt. Dabei liegen die beiden größten Stücke von 50 x 70 cm unten übereinander, darüber jeweils das nächstkleinere Stück. Ganz oben liegt die 10 x 10 cm große Platte. Dann wird jede Platte des Berges halbiert, damit man später in den Vulkan hineinsehen kann. Jede Hälfte wird Schicht für Schicht verklebt. Zum Schluss wird eine Vulkanhälfte auf die Grundplatte geklebt. Die andere wird neben die aufgeklebte Hälfte gestellt.

2. Arbeitsschritt: Formen der Oberfläche und Anmalen des Modells
Beide Hälften sind zusammengeschoben. Mit einem Federmesser werden alle treppenförmigen Kanten etwas abgeschnitten, damit beim Gipsen nicht so viel Material verbraucht wird. Anschließend werden 2 kg Gips mit etwa 1,5 l Wasser in einem Eimer angerührt. Mit dem Gipsbrei erfolgt die Formung der Oberfläche des Vulkanberges. Damit beide Hälften durch den Gips nicht zusammenkleben, wird Papier dazwischen gesteckt.
Nach dem Trocknen der Gipsschicht (Fingerprobe) wird das Vulkanmodell außen und innen bemalt: rote Farben für die Lava, rotgelbe für das Magma, grau für die Ascheschichten, grün für Wald, Wiesen, ..., braun für Ackerbau, schwarz für Konturen.

3. Arbeitsschritt: Beschriften des Vulkanmodells
Aus Papier und Holzspießen werden Fähnchen hergestellt, beschriftet und an die richtigen Stellen gesteckt. Im Inneren des Vulkans können die Begriffe auch aufgeklebt werden. So kann man den Vulkan wieder zusammenfügen. Zusätzlich können aus Holzresten kleine Häuser gebaut, Straßen gezeichnet werden ...

Arbeitsmittel:
1 Styroporplatte 50 x 100 cm (Stärke 2 cm) als Grundplatte, 3 Styroporplatten 50 x 100 cm (Stärke 5 cm) zum Bau des Vulkans, Styroporkleber, Styroporschneider, Federmesser, Formsäge, 2 kg Gips, Eimer, Wasser, Filzstifte, Zollstock, Papier, dünne Holzspieße, verschiedene Pinsel, Farben (Deckfarben oder Vollton- bzw. Abtönfarben).

M1 Aus Styropor entsteht die Rohform.

M2 Mit Gips wird die Oberfläche geformt.

M3 Das fertige Modell wird beschriftet.

Kulturpflanzen aus dem Mittelmeerraum

Aufgaben

1 Erkläre, was man unter heimischen und fremden Kulturpflanzen versteht.

2 Nenne die Herkunftsgebiete eingeführter Kulturpflanzen (M1).

3 Erkläre, warum die Olive eine Dauerkultur mit vielfältiger Nutzung ist.

4 Beschreibe die Anpassung des Olivenbaumes an das Klima des Mittelmeerraumes.

M3 Stockwerkanbau: unten Gemüse, Mitte Wein, oben Olivenbäume

Früchte vom Mittelmeer

Orangen, Zitronen, Mandarinen und Grapefruit, das sind Zitrusfrüchte, die wir fast das gesamte Jahr über im Supermarkt kaufen können. Auch Gemüse wie Tomaten und Paprika gehören zum ganzjährigen Sortiment. Auf den Etiketten sind meist als Herkunftsgebiete Griechenland, Spanien, Portugal und Italien ausgewiesen. Aber viele der Kulturpflanzen, die wir heute als typisch für die Mittelmeerländer ansehen, waren dort ursprünglich nicht heimisch. Sie wurden aus anderen warmen und sommerfeuchten Regionen eingeführt. Da es in Südeuropa in den Sommermonaten trocken ist, gediehen sie nur bei künstlicher Bewässerung.

Zu den im Mittelmeergebiet heimischen Kulturpflanzen gehören beispielsweise Mandel-, Walnuss- und Feigenbäume sowie Melonen. Aber die größte Bedeutung hatten schon immer Wein, Weizen und vor allem der Ölbaum (Olive). Die Kleinbauern bauen auf ihren Feldern oft verschiedene Kulturpflanzen stockwerkartig an. So können sie die kleinen Ackerflächen besonders intensiv nutzen.

Asien	Amerika
Zitrone	Tomate
Grapefruit	Paprika
Orange	Mais
Mandarine	Tabak
Aprikose	
Pfirsich	

Afrika	Australien
Dattelpalme	Eukalyptusbaum

M1 Herkunft ausgewählter fremder Kulturpflanzen

M2 Exotische Früchte aus Andalusien: Granatäpfel, Mispeln, Physalis, Cherimoya

Im Süden Europas

M4 Bei der Olivenernte

Info

Oliven

Die Olive ist eine der ältesten Kulturpflanzen der Erde. Der Ölbaum wird auch Olivenbaum genannt, denn aus Oliven wird hauptsächlich Öl gewonnen. Die trockenen Sommer übersteht der Olivenbaum auch durch seine weit verzweigten Wurzeln. Sie können bis zu sechs Meter tief wachsen und bis zu zwölf Meter um den Stamm herumreichen. Dadurch können sie mehr Wasser aus dem wasserarmen Boden aufnehmen.
Manche Bäume werden 1000 Jahre alt.
Grüne Oliven haben noch nicht die Vollreife erreicht. Blaue bis schwarze Oliven sind vollreif.

Die Olive, eine Dauerkultur

Olivenbäume werden einmal gepflanzt und können dann über viele Jahre abgeerntet werden. Man nennt diese mehrjährige Nutzung Dauerkultur. Vor den ersten Regenfällen im Herbst werden Netze unter den Bäumen ausgelegt, in die die Oliven fallen. Die Früchte werden zu Speiseoliven oder Olivenöl weiterverarbeitet. Für die Herstellung von Olivenöl bringen die Bauern die Oliven in den zusammengebundenen Netzen zu den Ölpressen.

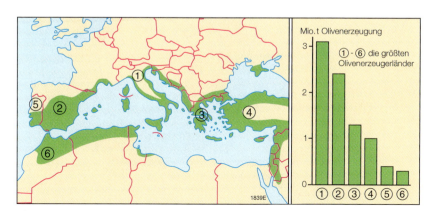

M5 Verbreitung des Olivenanbaus und Erzeugerländer

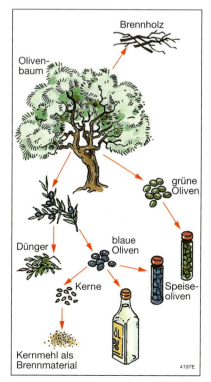

M6 Nutzung

Landwirtschaft in Südeuropa

Info

Meseta

Das ist die spanische Bezeichnung für Hochfläche und Hochplateau.
Die Meseta nimmt große Teile des Landesinneren Spaniens ein.

Trockenfeldbau auf der Meseta

Wie auch in anderen Gebieten des Mittelmeerraumes betreiben die spanischen Bauern auf den in 600 – 800 Metern gelegenen Hochflächen der Meseta **Trockenfeldbau**. Dabei nutzen sie nur das Niederschlagswasser der regenreichen Winter- und Frühjahrsmonate.
Es reichert sich im Boden an und sorgt so für die nötige Bodenfeuchte. Da die Niederschläge von Jahr zu Jahr schwanken, werden die Felder oft nur in jedem zweiten Jahr bebaut. Während der Brachezeit kann der Boden wieder ausreichend Wasser ansammeln. Aber er ist auch schutzlos der Abtragung durch Wasser und Wind ausgesetzt.
Der Trockenfeldbau ist eine den klimatischen Verhältnissen in Südeuropa angepasste Form der Landnutzung. Die Wachstumszeit liegt im feuchten Winterhalbjahr. Die Reifephase fällt auf die sehr warmen und trockenen Sommermonate.
Auf den Feldern gedeihen einjährige Anbaukulturen wie Winterweizen und Wintergerste. Der Arbeitsaufwand für den Getreideanbau ist relativ gering. Die Ernteerträge sind aber häufig niedrig.
Außerdem werden mehrjährige Strauch- und Baumkulturen gepflanzt. Dazu gehören die Weinreben und Olivenbäume. Sie besitzen weit verzweigte und tief reichende Wurzeln und können so das Grundwasser nutzen.
Seit den sechziger Jahren bestellt man die über viele Monate brach liegenden Äcker mit Sonnenblumen. Diese Pflanze verträgt länger die Trockenheit und hat ihre Reifezeit in den wärmsten Monaten. In einigen Teilen der Meseta hat die Sonnenblume, die der Ölgewinnung dient, bereits den traditionellen Olivenbaum verdrängt.

Aufgaben

1 Fertige eine Übersicht zum Trocken- und Bewässerungsfeldbau an.

	Trockenfeldbau	Bewässerungsfeldbau
Funktionsweise		
Anbaukulturen		
Vorteile		
Nachteile		

2 Vergleiche die Anbaukalender für ein Getreidefeld in Deutschland und auf der Meseta (M1).

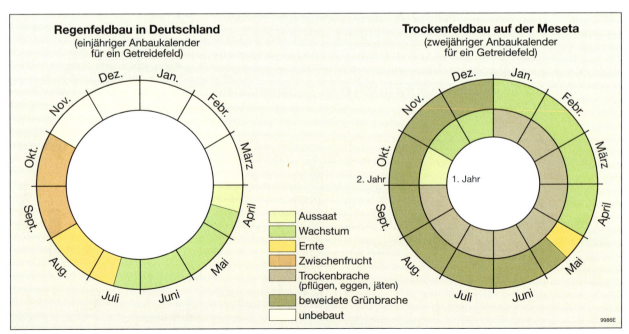

M1 Anbaukalender für ein Getreidefeld in Deutschland und auf der Meseta

Im Süden Europas

M2 In diesen Rohren wird das Wasser vom 400 km entfernten Fluss Tajo zur Huerta geleitet.

M5 Bewässerungsfeldbau und Huertas

Bewässerungsfeldbau

Um auch in den sehr warmen und trockenen Sommern Ackerbau zu betreiben, müssen die Felder künstlich bewässert werden. Deshalb nennt man diese Bewirtschaftungsform **Bewässerungsfeldbau**. In riesigen Speicherbecken wird hierfür der Winterniederschlag gesammelt. Über Gräben und Kanal- und Rohrleitungssysteme gelangt das Wasser zu den Feldern. Heute wird es über Plastikschläuche sogar direkt zur Pflanze geleitet und bedarfsgerecht an die Wurzeln abgegeben. Somit kann nicht so viel Wasser ungenutzt verdunsten. Bis zu drei Ernten können bei künstlicher Bewässerung erzielt werden.

Es ist aber eine sehr arbeits- und kostenaufwändige Landnutzungsform. In den intensiv bewirtschafteten Huertas („Gärten") gedeihen beispielsweise Tomaten, Paprika und Artischocken. Auf großen Flächen wachsen Orangen- und Mandarinenbäume.

M3 So wurden früher die Felder bewässert.

M4 Das ist die wassersparendste Bewässerungsart.

Massentourismus am Mittelmeer

M1 Lage von Benidorm

	spanisches Mittelmeer	Nordsee
Wassertemperatur Juli	22° C	16° C
Lufttemperatur Juli	24° C	14° C
Niederschlag Juli	unter 25 mm	50 – 100 mm
tägliche Sonnenscheinstunden Juli	10	6

M2 Mittelmeer und Nordsee im Vergleich

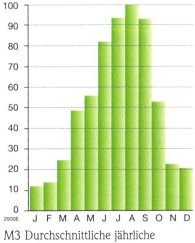

M3 Durchschnittliche jährliche Auslastung der Hotels in Benidorm (100 ≙ volle Auslastung; 0 ≙ Leerstand)

M4 Strand von Benidorm 1955

Vom Fischerdorf zur Bettenburg

Benidorm an der spanischen Küste war 1955 ein kleines Fischerdorf mit Olivenhainen, Obstgärten und Gemüsefeldern. Heute ist der Ort nicht wieder zu erkennen. Hotelhochhäuser mit zum Teil dreißig Stockwerken stehen dicht nebeneinander. Die Feriengäste müssen untergebracht werden. Das Straßennetz wurde ausgebaut. Es gibt unzählige kleine Geschäfte, Stände, Restaurants und Bars.
Am Strand herrscht in der Hauptsaison großes Gedränge. Dieser Massentourismus hat Vor- und Nachteile. Frau Pérez von der Stadtverwaltung sagt: „Probleme machen zum Beispiel die Wasserversorgung und die Abwasserbeseitigung."
Juliano, ein Kellner im Hotel Paradiso, berichtet: „Eigentlich wollte ich Fischer werden. Als aber die großen Hotels Personal suchten, habe ich eine Ausbildung als Kellner gemacht. Der Verdienst ist höher und die Arbeit bringt Abwechslung."

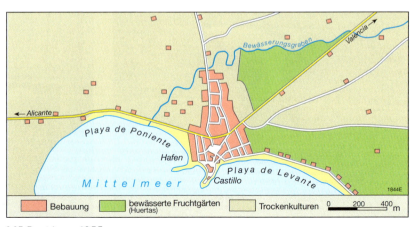

M5 Benidorm 1955

Im Süden Europas

M6 Strand von Benidorm heute

Info

Hauptsaison, Nebensaison

Als Hauptsaison bezeichnet man die Monate des Jahres, in der sich besonders viele Feriengäste an einem Urlaubsort aufhalten. In den Mittelmeerländern betrifft das vor allem die Monate Juli und August. Die Preise sind hoch. Die Nebensaison ist die Zeit des Jahres, in der sich weniger Touristen in einem Urlaubsgebiet erholen. Die Preise sind niedriger.

Im Spätherbst, wenn hier die Saison zu Ende ist, arbeite ich in Grenoble in den Alpen. Vielleicht mache ich später einmal mit ein paar Freunden ein Hotel auf. Sie haben alle Erfahrung im Tourismus. Angela arbeitet in einem Friseursalon, Maurice hat einen Bootsverleih, Roberto bedient in einer Eisdiele und Ricardo ist Unterhalter im Strandhotel Paradiso."

So wie Juliano und seine Freunde sind in den Mittelmeerländern viele Menschen vom Tourismus abhängig. Sie verdienen ihr Geld vor allem in der Hauptsaison. Blieben die Gäste aus, so müssten die Bewohner anderswo Arbeit suchen.

Für die Touristen wurde nicht nur viel gebaut, Benidorm hat sich auch auf andere Weise verändert. Boutiquebesitzerin Bernal sagt: „Hier im Ort gibt es fast nur deutsche Gaststätten und Diskos. Außerdem stören mich der Lärm, die Autoabgase und die Wasserverschmutzung. Ich fahre in meiner Freizeit ins Hinterland, weg von der Küste und dem Rummel hier. In der Nebensaison ist es hier glücklicherweise viel ruhiger."

Aufgaben

1 Nenne einige Gründe, warum im Sommer so viele Touristen an das Mittelmeer fahren.

2 Beschreibe, wie sich Benidorm verändert hat.

3 Erkläre die Auslastung der Hotels im Verlauf eines Jahres (M3). Verwende die Begriffe Haupt- und Nebensaison.

4 Fertige eine Übersicht an.

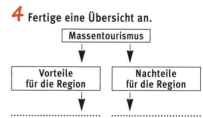

5 Der Mittelmeerraum und die Alpen sind Gebiete des Massentourismus. Vergleiche sie hinsichtlich Haupt- und Nebensaison sowie der Veränderungen infolge des Massentourismus.

M7 Benidorm heute

Mittelmeerverschmutzung

Info

Algenblüten und Schaumbildung

Durch einen verstärkten Düngemitteleinsatz in der Landwirtschaft sowie durch Industrie und Haushalte gelangen über die Flüsse und die Luft immer mehr Schadstoffe ins Meer. Sie fördern das Wachstum von Algen. Mitunter kommt es zu einer jahreszeitlich begrenzten Massenbildung verschiedener Algenarten – den Algenblüten.
Einige dieser Algenarten erzeugen Giftstoffe, die zum Fischsterben führen. Sie sind aber auch für den Menschen gefährlich. Manchmal bilden die Algen vor den Badestränden Schaumgürtel bis zu einem Meter Höhe und 50 Meter Breite aus.

M1 Strandverschmutzung

Urlaubsidylle an Venedigs „Giftiger Lagune"

An einem herrlichen Sommertag drängeln sich besonders viele Touristen in Venedigs Restaurants. Auf den Tellern italienische „Spaghetti alle vongole". „Wer einen Funken Verstand hat, isst nur, was nicht aus der Lagune kommt", sagt ein Greenpeacemitarbeiter. Doch die Muscheln stammen todsicher aus dem Venediger Gewässer. Seit Jahrzehnten leitet die Chemieindustrie dorthin alles ein, was giftig und Krebs erregend ist. Im Lagunenschlamm liegen rund fünf Millionen Tonnen Gifte. Bereits mit dem Verzehr einer Venusmuschel nimmt der Urlauber die zehnfache maximale Tagesdosis von Giften auf.

(nach: archiv.greenpeace.de)

M2 Mittelmeerverschmutzung durch die Industrie

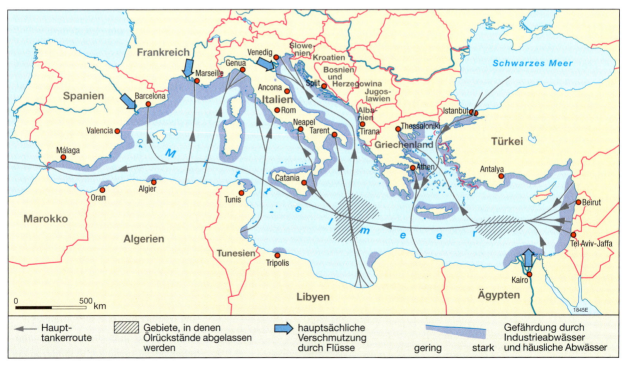

M3 Verschmutzung der Mittelmeerküste

Im Süden Europas

Mittelmeer in Seenot

Drei Kontinente und 21 Länder grenzen an das Mittelmeer. Es ist von etwa 600 Städten mit jeweils über 10 000 Einwohnern umsäumt. Am Mittelmeer leben ungefähr 44 Millionen Menschen. Jedes Jahr kommen 100 Millionen Urlauber in diese Region.

Touristen, Anwohner, Landwirte und Fabriken sorgen für eine ständig wachsende Verschmutzung des Meeres. Über Flüsse, zum Beispiel Po, Rhône und Nil, gelangt eine riesige Schmutzlast aus Abfällen und Abwässern ins Mittelmeer. Die Länderliste der Verschmutzer führt Italien an, gefolgt von Spanien und Griechenland.

Das Mittelmeer ist nur über die 15 Kilometer schmale und 324 Meter tiefe Straße von Gibraltar mit dem Atlantischen Ozean verbunden. Es dauert zwischen 80 und 100 Jahre, bis sich das Mittelmeerwasser durch diesen Zufluss erneuert hat. Die Einleitung von Schadstoffen ist daher besonders belastend. Manche Gebiete werden bereits als Kloake bezeichnet. Stellenweise ist das Baden gesundheitsgefährdend. Fische, Muscheln, Krebse und andere Tiere nehmen die eingeleiteten Gifte auf und speichern diese. Deshalb eignen sie sich oft nicht mehr als Nahrungsmittel für den Menschen.

Eine Besserung ist kaum abzusehen. Einleitungsverbote müssen ausgesprochen und deren Einhaltung kontrolliert werden. Eine wichtige Maßnahme zur Rettung des Mittelmeeres ist auch der Bau von Kläranlagen. So kann dieses Gewässer als attraktives Urlaubsziel erhalten bleiben und sichert den Anrainerstaaten wichtige Geldeinnahmen.

Aufgaben

1 Erkläre, warum das Mittelmeer durch Verschmutzungen besonders gefährdet ist.

2 Nenne drei Verschmutzer des Mittelmeeres (M3).

3 Ermittle die Hauptverursacher der Schadstoffeinleitungen.

4 Beschreibe Folgen der zunehmenden Mittelmeerverschmutzung.

5 Werte das statistische Material zum Mittelmeertourismus aus (M4).

6 Begründe, weshalb auch Urlauber zur Verschmutzung des Mittelmeeres beitragen.

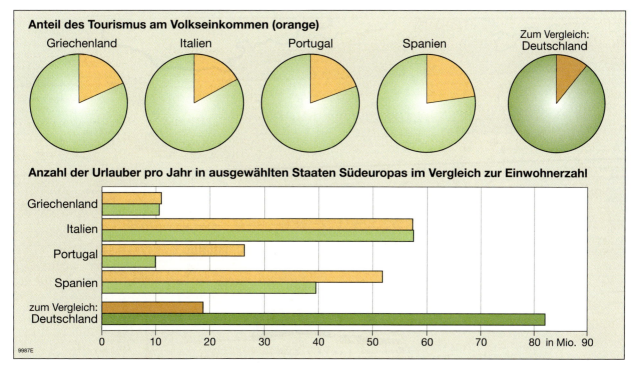

M4 Bedeutung des Tourismus in Südeuropa

Alles klar?

Eine Kreuzfahrt durch das Mittelmeer – ein Quiz

1. Tag: Unsere Reise beginnt in Genua. Nach einigen Stunden fahren wir an einer Insel (?) vorbei, die zu Frankreich gehört.

2. Tag: Wir sind in der Hauptstadt von Italien (?). Dort unternimmt unsere Touristengruppe einen Landausflug. Sie besichtigt das Kolosseum aus der Römerzeit.

3. Tag: Weiter geht es nach Neapel. Während eines mehrstündigen Zwischenstopps besteigen wir einen 1277 m hohen Vulkan (?).

4. Tag: Auf unserer Weiterfahrt kommen wir an einer Insel (?) vorbei, auf der ein viel höherer Vulkan (?) tätig ist.

5. und 6. Tag: Bis wir zum nächsten Reiseziel, einer Insel (?) gelangen, sind wir viele Stunden auf dem Meer. Endlich erreichen wir Iraklion. Auch hier besichtigen wir Ruinen aus einer längst vergangenen Zeit: den Knossos-Palast.

7. und 8. Tag: Wir fahren durch eine Inselgruppe (?) mit vielen kleinen Inseln. Schließlich ankert das Schiff im Hafen von Piräus. Unsere Gruppe freut sich schon auf den Landausflug zur Akropolis, die hoch über einer Hauptstadt (?) liegt.

9. und 10. Tag: Kurz vor dem Erreichen des Reiseziels passieren wir noch eine Meerenge (?). Östlich liegt Asien, westlich Europa. Von weitem sehen wir bereits die Moscheen und Türme der Weltstadt (?).

1 Ermittle die Stationen der Kreuzfahrt.

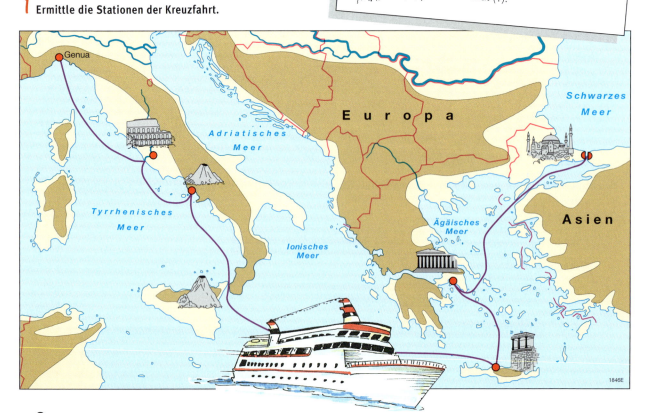

Alles klar!

Räumliche Orientierung

Mit Ausnahme Portugals liegen die Länder Südeuropas am Mittelmeer. Sie verteilen sich auf die Iberische, Apenninen- und Balkan-Halbinsel sowie mehrere Inseln bzw. Inselgruppen, die das Mittelmeer in Teilmeere untergliedern. In Südeuropa gibt es auch mehrere Kleinst- oder Zwergstaaten, wie zum Beispiel Andorra, Malta und San Marino.

Unruhiger Mittelmeerraum

Der Süden Europas ist durch besondere Naturerscheinungen wie Erdbeben und Vulkanismus gekennzeichnet. Einige Schichtvulkane, zum Beispiel Ätna und Stromboli, sind heute noch aktiv. Bei Eruptionen gelangt Magma aus dem Erdinneren an die Oberfläche und fließt als Lava aus dem Krater abwärts. Obwohl Vulkanausbrüche für die Menschen gefahrvoll sein können, ist die Bevölkerungszahl in manchen betroffenen Gebieten hoch. Vulkanregionen bieten vielfältige Nutzungsmöglichkeiten. Auf den fruchtbaren Böden gedeihen anspruchsvolle Anbaukulturen.

Landwirtschaftliche Nutzung

In den Mittelmeerländern wird neben dem traditionellen Trockenfeldbau der Bewässerungsfeldbau betrieben. Er ermöglicht auch in den trockenheißen Sommern eine landwirtschaftliche Nutzung. Beim Trockenfeldbau wird vorwiegend Getreide angebaut. Die Ernteerträge sind gering. Eine typische Kulturpflanze Südeuropas ist der Olivenbaum. Er hat sich als Dauerkultur den klimatischen Verhältnissen des Mittelmeerraumes sehr gut angepasst.
In den Gebieten mit künstlicher Bewässerung gedeihen vor allem Obst und Gemüse. Es werden bei bis zu drei Ernten im Jahr gute Erträge erzielt.

Tourismus in Südeuropa

Das Mittelmeer ist heute eine Region des Massentourismus. Besonders in den Sommermonaten, der Hauptsaison, besuchen viele Millionen Touristen die Staaten Südeuropas. Sie verbringen dort oft ihren Badeurlaub. Deshalb haben sich die küstennahen Orte in den letzten Jahrzehnten sehr verändert. Aus ehemaligen Fischerdörfern sind Orte mit zahlreichen Hotelhochhäusern geworden. Der Massentourismus bringt der einheimischen Bevölkerung Wohlstand, schädigt aber auch die Natur und verändert das Leben der Bewohner.
Die Abwässer der Städte, Industrie und Landwirtschaft sowie der Tourismus und die Schifffahrt verschmutzen das Mittelmeer.

Das Wichtigste kurz gefasst:

www

http://www.fys-online.de/wissen/geo/vulkan.htm

http://www.kle.nw.schule.de/gymgoch/faecher/fahrten/pisa94/mm.htm

Grundbegriffe

Vulkan
Erdbeben
Magma
Lava
Trockenfeldbau
Bewässerungsfeldbau

Wahlpflichtthemen

Zusammenarbeit in Europa 142

Der Airbus –
ein europäisches Flugzeug 146

Polen –
Deutschlands Nachbar im Osten 150

Tschechien –
Deutschlands Nachbar im Südosten 154

Moderne Verkehrsprojekte in Europa 158

Auswirkungen
des Verkehrs auf die Umwelt 162

Welthafen Rotterdam 164

Wir planen eine Reise 166

Alles klar? 170

Alles klar! 171

M1 Blick auf den Hafen von Rotterdam

Zusammenarbeit in Europa

Horch, 1925

Rennwagen, 1936

Trabant, 1960

VW-Golf IV, 1998

Info

„100 Jahre Automobilbau in Sachsen"

August Horch baute 1904 in Zwickau die ersten Pkw „Horch". Inzwischen blickt der Automobilbau in Sachsen erfolgreich auf eine über einhundertjährige Tradition zurück.
Im Dezember 1990 wurde die Volkswagen Sachsen GmbH als Tochtergesellschaft der Volkswagen AG gegründet. An zwei Standorten entstanden neue wettbewerbsfähige Fertigungsstätten, die Fahrzeugfertigung in Mosel und das Motorenwerk in Chemnitz. Am Standort Mosel entwickelte sich der Karosseriebau, die Lackiererei und die Fahrzeugfertigung. Es wurde auch ein eigenes Presswerk gebaut. Die Chemnitzer Motorenfertigung ist Lieferant für die Fahrzeugwerke des Volkswagenkonzerns. Im April 2003 wurde im Motorenwerk Chemnitz der 6 000 000. Volkswagen-Motor produziert.

VW – ein länderüberschreitender Fertigungsverbund

Im Automobilbau bei Volkswagen spielt Arbeitsteilung eine herausragende Rolle. Die Marken des Konzerns sind in einem weltweiten Fertigungsverbund eingebunden. Zu diesem gehören 48 Fabriken aus 22 Ländern. Zahlreiche ländergrenzenüberschreitende Kooperationsbziehungen wurden in Europa und weltweit geknüpft, um die verschiedenen Varianten der Volkswagenmodelle in bester Qualität an den günstigsten Standorten zu produzieren. Produktionsstätten von Volkswagen befinden sich unter anderem auch in Brasilien, Mexiko und China.
Für den Standort Wolfsburg werden zum Beispiel Motoren aus Salzgitter oder aus Györ in Ungarn geliefert. In Kassel erfolgt die Herstellung von Getrieben und aus dem Werk in Braunschweig kommen Achsen und Lenkungen. Im Presswerk in Mosel werden Blechteile für den VW-Konzernverbund produziert und weltweit an Automobilwerke geliefert.
Seit dem Frühjahr 2003 gehört der Multivan zu den aktuellen Highlights von Volkswagen. Die Antriebsaggregate für den Multivan werden in Deutschland, im europäischen Ausland und in Übersee gebaut. Polen liefert beispielsweise den Vierzylinder-Pumpe-Düse-Diesel und Mexiko den Vierzylinder-Benziner. Die beiden stärksten Varianten, der TDI 2,5-Liter-Fünfzylinder und der Sechszylinder-Benziner werden im Werk in Salzgitter hergestellt.
Die Volkswagenproduktion ist ein Beispiel für die Zusammenarbeit in Europa. Neue Produktionsstandorte in anderen Ländern sollen aber vor allem auch neue Absatzmärkte erschließen.

Wahlpflichtthemen

M1 Heutiger Produktionsstandort – VW Werk Mosel

„Produktion in Partnerschaft" – ein Weg zum Erfolg

Für die Marke Volkswagen arbeiten weltweit 3 687 Zulieferbetriebe in mehr als 40 Ländern. Unter dem Titel „Produktion in Partnerschaft" betreibt die Volkswagen Sachsen GmbH erfolgreich die beiden Fertigungsstandorte Mosel und Chemnitz.
Die Zulieferunternehmen arbeiten nach dem Prinzip der „Just-in-time-Produktion" mit der Fahrzeugfertigung Mosel und der Motorenfertigung Chemnitz zusammen. Viele Zulieferbetriebe befinden sich in unmittelbarer Nähe des jeweiligen Fertigungsstandortes. Sie liefern ihre Einzelteile oder vorgefertigten Module „just in time", das heißt zeitgenau, an die richtige Stelle des Montagebandes. So werden Lagerkosten vermieden, wovon vor allem die Kunden profitieren. Das Werk Mosel bezieht für die Modelle Golf und Passat etwa 32 einbaufertige Module. Vom Cockpit über das Frontend, die Räder und Tanks bis zu den Tür- und Seitenverkleidungen stellen werksnahe Lieferanten ihre Teile für die Fahrzeugmontage bereit. Die Produktion kann in absolutem Gleichschritt je nach Markterfordernis erfolgen. Durch die große Vielfalt werden aus Mosel auch nahezu alle internationalen Märkte beliefert. Überseefahrzeuge erhalten in einer eigenen Halle die erforderlichen Sondereinbauten. Sie werden entsprechend den gesetzlichen Bestimmungen des Empfängerlandes gekennzeichnet.
Im Automobilbau entstanden nicht nur in Sachsen, sondern auch in osteuropäischen Ländern neue Produktionsstätten. Im Konkurrenzkampf um geeignete Standorte zählen besonders günstige Kosten und qualifizierte Arbeitskräfte.

Aufgaben

1 Nenne Beispiele für länderübergreifende Kooperationsbeziehungen bei der Herstellung von Volkswagen.

2 Sprich über die Bedeutung der „Produktion in Partnerschaft" für das VW-Werk in Mosel und für die Unternehmen in der Region.

Luxusautomobile aus Sachsen und England

In Mosel werden seit 2002 auch Karosserien für die automobile Luxusklasse gebaut und lackiert. Die Fahrzeugendmontage findet in der Gläsernen Manufaktur in Dresden beziehungsweise im englischen Crewe statt.

Aufgaben

1 Zeige die im Text und in der Tabelle M4 genannten Länder und Städte auf der Karte M3 oder im Atlas.

2 Ordne die in M1 dargestellten Fahnen den entsprechenden Ländern zu und beschreibe ihre Lage in Europa.

3 Ermittle aus der Tabelle M4, welche VW-Produkte in diesen Ländern jeweils hergestellt werden.

4 Äußere dich zu der Meinung, die Länder Tschechien, Polen und Ungarn sind im Automobilbau durch die EU-Erweiterung Partner und Konkurrenten für Deutschland.

5 Diskutiert darüber, ob ein in Mosel fertig gestellter Volkswagen als „europäisches Produkt" bezeichnet werden kann.

EU-Erweiterung – ein Motor der Wirtschaft in Europa?

Die Zukunft der Automobilherstellung in Deutschland wird wesentlich von der politischen Entwicklung in Europa und der Welt bestimmt. Dabei liegt Deutschland, insbesondere Westsachsen im Hinblick auf die EU-Erweiterung seit Mai 2004 nun direkt im Herzen Europas. Osteuropa gehört zu dem drittgrößten Ausfuhrgebiet für deutsche Pkw-Hersteller. Ein weiteres Wachsen der Märkte in Richtung Mittel- und Osteuropa bis Asien, insbesondere China, kann sich positiv auf die Automobilproduktion auswirken. Deutsche Autohersteller legen aber nicht nur Wert auf die Steigerung des Exports, sondern sie bauen gezielt zu Osteuropa **Kooperationsbeziehungen** auf. Insbesondere die Werke in den Ländern Tschechien, Ungarn und Polen sind in den Fertigungsverbund einbezogen. Die räumliche Nähe zum tschechischen Škoda-Automobilwerk in Mladá Boleslav sowie zum polnischen Automobilzentrum Gleiwitz (Gliwice) erleichtert die Zusammenarbeit.

M1 VW-Produktionsstätten in sieben europäischen Ländern

Blechteile	VW-Werk Mosel, hauseigenes Presswerk VW-Werke Emden und Wolfsburg, Audi-Werk Ingolstadt Fa. Karosseriewerk Dresden (Radebeul) Fa. Blechformwerk Bernsbach (bei Aue im Erzgebirge) Fa. Expert Gifhorn (bei Wolfsburg)
Scheiben	Fa. Sekurit Würselen (bei Aachen) Fa. Sekurit Torgau Fa. Soliver (Belgien)
Motoren	VW Sachsen Motorenfertigung Chemnitz VW-Werk Salzgitter VW-Werk Györ (Ungarn) VW-Werk Polkowice (Polen)
Getriebe	VW-Werk Kassel Škoda-Werk Mladà-Boleslaw (Tschechien) Fa. ZF Saarbrücken

M2 Beispiele für die Herkunft verschiedener Teile für die VW-Produktion

Wahlpflichtthemen

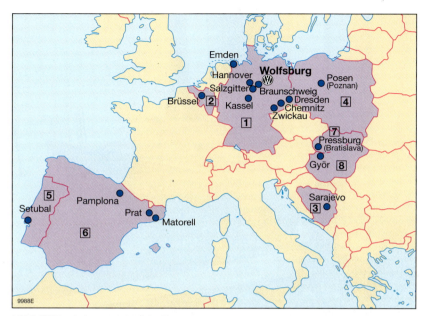

M3 VW-Produktionsstätten in Europa

VW-Golf V, 2004

Die Meinungen zur wirtschaftlichen Entwicklung durch die EU-Erweiterung sind unterschiedlich. Einige Wirtschaftsfachleute befürchten, dass billige Arbeitskräfte aus den EU-Beitrittsländern zur Konkurrenz werden können. Ebenso könnten weitere Fertigungsstätten in Länder mit niedrigen Lohnkosten verlagert werden.
Andere meinen hingegen, in diesen Ländern steckt die Zulieferindustrie noch in den Kinderschuhen. Westsachsen mit seinen leistungsfähigen Modullieferanten und der nachbarlichen Nähe hat deshalb gute Voraussetzungen für eine positive Entwicklung.
Die Zulieferer müssen eng miteinander kooperieren, um gemeinsam zu Modullieferanten zu werden. Nur so haben sie eine Chance konkurrenzfähig zu bleiben.

1 DEUTSCHLAND
Wolfsburg
Konzernzentrale, verschiedene Modelle von Bora, Golf, Lupo, Touran
Braunschweig
Achsen, Komponenten, Lenkungen, Werkzeug- und Maschinenbau
Hannover
Gießerei, Komponenten
Kassel
Abgasanlagen, Aufbereitung von Aggregaten, Getriebe, Gießerei, Karosserie und Plattform, zentrale Ersatzteileversorgung
Emden
Verschiedene Modelle Passat, Komponenten
Salzgitter
Komponenten, Motoren, Motorenmontage
Chemnitz
Motoren, Motorenmontage, Komponenten
Zwickau/Mosel
Golf, Passat, Passat WB
Dresden
Phaeton

2 BELGIEN
Brüssel
Golf, Lupo

3 BOSNIEN-HERZEGOWINA
Sarajevo
Golf

4 POLEN
Poznan
Gießerei, Komponenten

5 PORTUGAL
Setubal
Sharan

6 SPANIEN
Matorell
Caddy, Motoren
Prat
Getriebe, Gießerei, Presswerk
Pamplona
Polo, Motorenmontage

7 SLOWAKISCHE REPUBLIK
Bratislava
Verschiedene Modelle Bora, Golf, Polo, Touareg, Getriebe
Martin
Komponenten

8 UNGARN
Györ
Motoren

Auszüge „Aus Volkswagen Story 2003", Stand 31.12.2002

M4 Auswahl von VW-Produktionsstätten und ihren Produkten in Europa

Der Airbus – ein europäisches Flugzeug

M1 Airbus-Montage in Hamburg: Ein A 319 bekommt seine Flügel

Airbus – Vom Ausgangsstoff zum Endprodukt

„Airbus" ist eine allgemeine Bezeichnung für eine Reihe von Flugzeugen des europäischen Unternehmens SAS. Bereits seit Anfang der achtziger Jahre des 20. Jahrhunderts fliegen Airbus-Passagierflugzeuge im Liniendienst. Beschäftigte in mehr als 1500 Zulieferbetrieben ganz Europas stellen über drei Millionen Einzelteile für die Airbusproduktion her. Alle müssen zur richtigen Zeit am richtigen Ort sein. Das stellt an die Logistik des Unternehmens hohe Anforderungen. Die meisten Teile werden mit der Bahn oder mit Lkws transportiert. Teilweise sind Großraumflugzeuge im Einsatz.

Um einen reibungslosen Arbeitsablauf zu garantieren, müssen Liefertermine und -zeiten exakt geplant und von den Zulieferbetrieben genau eingehalten werden. Zuverlässig wie das Laufwerk einer Uhr müssen die Partner zusammenarbeiten. Auch die Standorte für die Endfertigung von Airbus, Toulouse und Hamburg, werden regelmäßig beliefert. In Hamburg-Finkenwerder arbeiten etwa 7000 Beschäftigte, die jeden Monat vierzehn neue Flugzeuge der Airbus-Familie herstellen. Danach werden die Flugzeuge an die Kunden ausgeliefert. Zu den Aufgaben in Toulouse gehören unter anderem neben der Endmontage einiger Flugzeugtypen die Fertigung der Bordelektronik, die Montage der Reaktormasten und der Motorenaufhängung.

Aufgaben

1 Nenne aus M2 die Länder und Firmen, die an der Airbus-Fertigung beteiligt sind.

2 Begründe, welche Vorteile sich aus der Gemeinschaftsproduktion von Airbus-Flugzeugen ergeben.

3 Beschreibe die Transportwege von einzelnen Firmen zu den Endmontagewerken in Toulouse und Hamburg (M3).

Wahlpflichtthemen

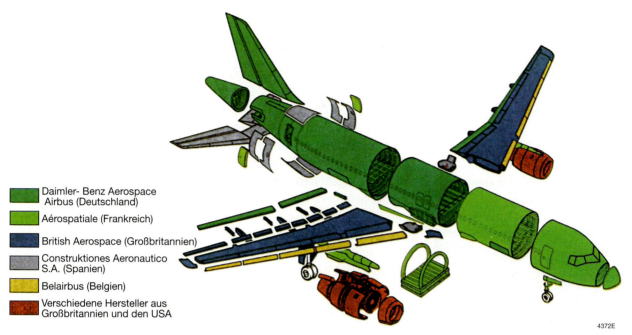

M2 Der Airbus – ein Beispiel für die Zusammenarbeit in Europa

Gründung der „Airbus Integrated Company" (AIC)

Am 10. Juli 2000 schlossen sich drei europäische Großkonzerne, die französische Aérospatiale Matra, die deutsche DaimlerChrysler Aeropace AG und die spanische CASA zusammen. Dieser größte Raumfahrt- und Rüstungskonzern Europas heißt European Aeronautic Deference and Space Company, kurz EADS. Er hat seinen Sitz in Amsterdam. Anschließend gründeten die EADS und die britische BAE Systems am 01. Januar 2001 gemeinsam die Airbus Integrated Company, kurz AIC. Die EADS ist zu vier Fünfteln und die BAE zu einem Fünftel an der AIC beteiligt. Die AIC zählt rund 38 000 Beschäftigte und hat ein Umsatzvolumen von etwa 16 Milliarden Euro.

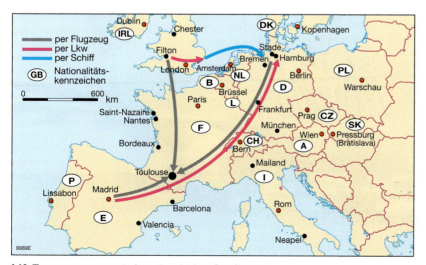

M3 Transportwege zwischen den Airbus-Standorten

Info

Logistik

Unter Logistik versteht man in einem Wirtschaftsunternehmen die Gesamtheit aller Vorgänge, die für die Lagerung, den Transport und Umschlag von Gütern notwendig sind.
Eine exakte Planung der Transportwege und -zeiten wirkt sich kostengünstig auf die Herstellung eines Produktes aus.
Die Logistik hat somit einen bedeutenden Einfluss auf die Wirtschaftlichkeit des Unternehmens.

Aufgaben

1 Begründe den Vorteil, den der Bau des weltweit größten Frachtflugzeuges „Beluga" für das Airbus-Unternehmen bringt.

2 Erkläre, warum die Weiterentwicklung des Airbus zu einem Großflugzeug notwendig ist.

Airbus „Beluga" – „Weiße Wale" transportieren Airbusteile

Der Airbuskonzern hat für den Transport von Großbauteilen ein eigenes Frachtflugzeug entwickelt. Damit konnte Airbus den Transport von großen und schweren Teilen nach 25 Jahren selbst übernehmen. Der Airbusfrachter wurde Beluga genannt, da die Form seines Vorderteils der Kopfform des gleichnamigen Weißwales ähnelt. Mit dem Airbus S 300-600ST Beluga werden seit Oktober 1996 Airbus-Großteile zwischen den Produktionsstätten in Deutschland, Frankreich, England und Spanien hin und her befördert. Die Nutzlast beträgt etwa 45,5 Tonnen. Dieser Airbus kann in einer Stunde eine Strecke bis zu 750 Kilometern zurücklegen.

Die „weißen Wale" transportieren unter anderem Flügel, Rumpfhecks, Seiten- und Höhenleitwerke und Cockpits in die Endmontagewerke nach Hamburg und Toulouse. Aus dem Bremer Werk der Daimler-Chrysler Aerospace AG werden zum Beispiel monatlich vier Tragflügelpaare für den Airbus A340 zur Endmontage nach Toulouse geflogen.

Im Dezember 2003 berichteten die Zeitungen über einen ungewöhnlichen Schwertransport. Damals wurde der Flugzeugrumpf eines Airbus 340 am Dresdner Flughafen in den Rumpf eines Beluga-Transporters verstaut und ins französische Toulouse geflogen. Zum Beladen musste eine spezielle Plattform aus Frankreich an die Elbe geholt werden. An dem 18,5 Meter langen, sechs Meter breiten, sieben Meter hohen und 35 Tonnen schweren Rumpf des Airbus 340 wurden in Dresden Belastungsprüfungen vorgenommen.

M1 Beluga aus den nördlichen Meeren der Nordhalbkugel

M2 Airbus Beluga

Ein neues Gemeinschaftsprodukt entsteht – der neue Airbus

Airbus beschloss, einen europäischen Jumbojet zu entwickeln, um gegenüber dem amerikanischen Hersteller Boeing mit seiner „747" konkurrenzfähig zu sein. Der Riesen-Airbus A380 soll mehr als 500 Sitzplätze haben. Die Produktion des neuen Airbusmodells lief im Oktober 2003 an. Bereits bei der Entwicklung arbeiteten mehrere Airlines, Flughäfen und Luftfahrtbehörden aus Europa und Asien zusammen. Zu ihnen gehören Fluggesellschaften wie Air France, Emirates, Singapore Airline, Lufthansa und British Airways.

Im Jahr 2006 soll die Erstauslieferung des Airbus A380 als Passagierflugzeug erfolgen. Er ist das zurzeit größte Zivilflugzeug aus der Airbus-Familie. Die Herstellung der Teilstücke erfolgt an den Standorten Frankreich, Deutschland, Spanien und Großbritannien. Die Endmontage des Großflugzeugs übernimmt das Werk in Toulouse.

Für den Transport von Teilen des Riesenjets ließ Airbus ein spezielles Schiff in China bauen, da die Teile für den Flugzeugtransport zu groß sind. Das Schiff „Ville des Bordeaux" konnte im Juni 2004 erstmals in Hamburg mit mehreren Rumpfteilen für einen A380 durch das Hecktor beladen werden. Die Reise ging zunächst nach Großbritannien, wo das Schiff noch Tragflächen aufnahm. Anschließend fuhr die „Ville des Bordeaux" über Saint Nazaire an der französischen Westküste zum Zielhafen Pauillac bei Bordeaux. Mit Lastkähnen gelangte der Transport schließlich auf der Garonne nach Toulouse.

Technische Daten

Bezeichnung:	Airbus A380 und A380F
Länge:	73,0 m
Höhe:	24,1 m
Spannweite:	79,9 m
Tragfläche:	845 m²
Geschwindigkeit:	Mach* 0,85/ maximal 0,89
Passagiere:	555 bis maximal 840
Reichweite:	14 800 km

* 1 Mach ist die Geschwindigkeit des Schalles

M3 Der Airbus A380 – ein Großraumjet

Polen – Deutschlands Nachbar im Osten

M1 Lage Polens in Europa

Polen – Deutschlands Nachbar im Osten

Wer nach Polen fährt, der lernt ein widersprüchliches Land kennen. Moderne Hochhäuser, schön gestaltete Parkanlagen, Autobahnen, große Industrieanlagen und dazwischen Bauern, die ihre Produkte auf den nächstgelegenen Markt fahren.

Bekannt ist Polen für seine zahlreichen, gut restaurierten Bauten aus vergangenen Jahrhunderten und für seine zahlreichen Nationalparks. Für viele Deutsche ist Polen zudem ein beliebtes Urlaubsland. Die Ostseeküste, die Masurische Seenplatte, das Riesengebirge und die Hohe Tatra sind beliebte Reiseziele. Dazu gehören auch die historischen Altstädte von Warschau, Danzig, Breslau oder Krakau und die Kreuzritterburgen im Nordosten des Landes.

Die vorangegangenen Zeilen beschreiben unser Nachbarland nur unvollständig. Will man ein Land umfangreich untersuchen, so kann man das mithilfe einer Länderanalyse tun. Dabei geht man wie folgt vor:

1. Festlegen, welche Besonderheiten in der Länderanalyse untersucht werden sollen.
2. Material über das entsprechende Land sammeln.
3. Lage, Naturraum, Wirtschaft und Transportwege näher untersuchen.

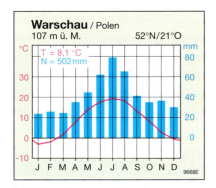

M2 Klimadiagramm Warschau

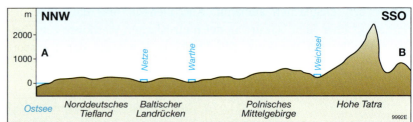

M3 Höhenprofil durch die Landschaftsräume zwischen Ostsee (A) und ... (B)

Aufgaben

1 Werte das Klimadiagramm von Warschau aus und vergleiche es mit dem von Galway (S. 32 M1).

2 Erkundige dich im Internet unter www.info-polen.com über Geschichte, Kultur, Natur und Bildung Polens. Fertige ein Poster an.

M4 Mit Pferd und Wagen in die EU

Wahlpflichtthemen

M5 Polen-Fotos auf der Pinnwand von links nach rechts: Die Marienburg südlich von Danzig; in der Masurischen Seenplatte; der Wawel in Krakau; in der Hohen Tatra

M6 Umweltbelastung in Polen: In Polen gibt es Gebiete, in denen die Umwelt stark verschmutzt ist. Besonders stark von der Umweltbelastung betroffen sind die alten Industriegebiete.

Aufgaben

3 Fertige zu jedem Motiv in M5 einen Steckbrief an. (Atlas, Lexikon, Internet).

4 Nenne Gebiete mit sehr hoher Umweltbelastung (M6).

5 Finde mithilfe der Atlaskarte die Ursachen für die katastrophale Umweltbelastung dieser Gebiete heraus.

151

M1 Die polnische Werftindustrie – Standorte

Polen auf dem Weg in die EU

Eine wichtige Herausforderung für die polnische Wirtschaft auf dem Weg in die EU sind die Umgestaltung des Steinkohlebergbaus, des Hüttenwesens, der Rüstungsindustrie sowie der Ausbau der Straßen- und Schienennetze, des Telekommunikationssystems, der Flugplätze und des Wohnungsbaus. Damit sollen zusätzliche Arbeitsplätze geschaffen und die Lebensqualität der polnischen Gesellschaft erhöht werden.

Die polnische Werftindustrie – Symbol der Krise und Erneuerung

Die polnische Seewirtschaft profitiert von Polens Ostseelage. Die polnischen Buchten eignen sich besonders für Hafenanlagen. Die Entwicklung hin zu einem „freien Markt" hat jedoch tief greifende Folgen für die Beschäftigtenstruktur mit hohen Arbeitslosenzahlen und für die Wandlungen in den **Werft**- und Hafenstädten. Hier sind kleinere Werftanlagen, Zulieferbetriebe und werfteigene Wohnviertel geschlossen worden bzw. stark geschrumpft.

Die Werftindustrie ist dennoch der drittgrößte Exporteur des Landes. Die mit Abstand größten Werften befinden sich in Stettin, Gdingen und Danzig. Während die Werften Stettin und Gdingen stark ausgebaut wurden, büßte die traditionsreiche Werft von Danzig auf Grund ungünstiger Strukturen an Größe und Umsatz ein. Die Löhne der polnischen Werftarbeiter sind die niedrigsten im europäischen Schiffbau.

Aufgaben

1 Beschreibe die Lage der polnischen Werftstandorte (M1).

2 Werte M2 aus und begründe deine Erkenntnisse.

3 Werte M3 aus. Beachte dabei besonders das Jahr 1990.

4 Vergleiche die Lage der Werftindustrie in Mecklenburg-Vorpommern mit der in Polen. Informiere dich dazu im Internet.

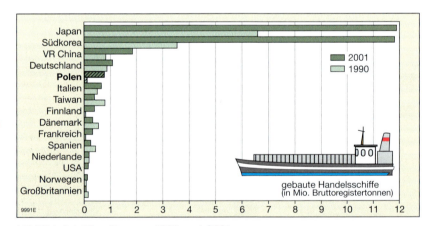

M2 Welt-Schiffbau-Tonnage 1990 und 2001

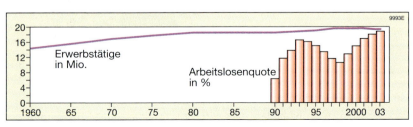

M3 Erwerbstätigkeit und Arbeitslosigkeit in Polen

Die polnische Landwirtschaft – Mit Pferd und Wagen in die Zukunft

Trotz insgesamt positiver Tendenzen der polnischen Wirtschaft kamen die ländlichen Gebiete in ihrer Entwicklung seit 1990 kaum vorwärts. Mit dem Beitritt in die EU verschärfen sich die Probleme der polnischen Landwirte. Die Ängste um ihre wirtschaftliche Zukunft und die damit verbundenen Forderungen werden immer größer, weil die polnische Landwirtschaft von Einzelbauern mit kleinen Flächen geprägt ist. Die nur wenigen Mittel- und Großbetriebe arbeiten jedoch effektiver und haben gute Aussichten auf Erfolg in der EU.

Info

Landflucht

Junge Leute aus den Dörfern sehen für sich kaum Zukunftschancen. Sie ziehen deshalb in die großen Städte. Hier gibt es besser bezahlte Arbeit, Einkaufszentren, Kinos, Diskotheken und vieles andere.

„Rinderbestand drastisch verringert".

„Polen – einer der größten Schweinefleischerzeuger Europas".

„Ein Viertel der Beschäftigten arbeitet in der Landwirtschaft".

„Durch EU-Fördermittel ist immer mehr Geld für moderne Maschinen vorhanden".

„Die Fläche der meisten Betriebe beträgt zwischen 7 und 15 Hektar".

„Auf dem Land lebt mehr als ein Drittel der Bevölkerung".

„Die Arbeitsproduktivität in der Landwirtschaft wird in den nächsten Jahren steigen".

M4 Meldungen der Medien

Aufgaben

5 Erläutere die Ängste der polnischen Kleinbauern beim Eintritt in die EU.

6 Nenne Folgen, die durch die Landflucht junger Leute in den ländlichen Gebieten eintreten.

7 Erläutere die Behauptung: „In einer Untersuchung wurde festgestellt, dass der Anbau von Gemüse, vor allem Radieschen, Zwiebeln, Möhren und Salat im Raum Kattowitz kaum zu verantworten ist." Beziehe M6, S. 151, und M2, S. 81, in deine Aussage ein.

M5 Handarbeit wird bald der Vergangenheit angehören

M6 Landwirtschaft wird auf kleinen Flächen betrieben

Tschechien – Deutschlands Nachbar im Südosten

M1 Lage Tschechiens

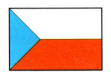

M2 Das Zahlungsmittel in Tschechien ist die Krone. Bis 2010 soll der Euro die Krone als Währung ablösen.

Tschechien seit Mai 2004 in der EU

- Tausende Hersteller und Handelsfirmen
- Erfahrene Arbeitskräfte für günstige Lohnkosten
- Viele Investitions- und Unternehmensgelegenheiten
- Interessante Immobilienangebote …

So locken und werben die Medien für Tschechien.

Die Tschechische Republik besteht aus Böhmen, Mähren und Teilen Schlesiens. Kultur, Musik, Kunst und Natur sind eine Begegnung mit Geschichte und Gegenwart des Landes. Nur an wenigen Orten in Europa kann man großartige Natur- und Kulturschönheiten so dicht nebeneinander erleben wie hier. Wer kennt nicht die Sprungschanzen von Harrachov, das Bäderdreieck Karlsbad – Marienbad – Franzensbad, die berühmte böhmische Küche mit Gulasch und Knödeln, die Karlsbader Oblaten oder das Pilsner Bier?

Die Hauptstadt Tschechiens ist Prag. Reisende des Mittelalters gaben ihr den Namen „Goldene Stadt", weil sie beim Aufstieg zum Hradschin, der Prager Burg, sahen, wie die Dächer der Stadt im Sonnenlicht golden glänzten. Bis heute ist Prag Anziehungspunkt für tausende Touristen aus aller Welt, die beim Stadtrundgang die vielen Sehenswürdigkeiten bestaunen und das Flair der alten böhmischen Königsstadt genießen.

M3 Prag – Karlsbrücke

Aufgaben

1 Erkläre, warum Tschechien als Binnenland bezeichnet wird (M1).

2 Beschreibe das Foto M3.

Wahlpflichtthemen

Im Böhmischen Becken – fruchtbare Böden und Klimagunst

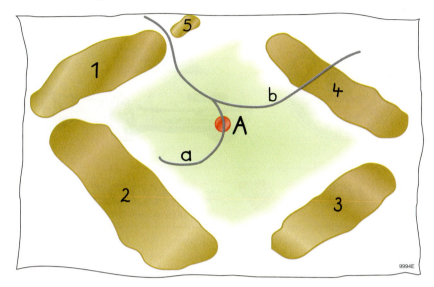

M4 Schülerkartenskizze vom Böhmischen Becken

> **Info**
>
> **Kartographische Skizze**
>
> Die kartographische Skizze ist ein Merkbild, das die Lage geographischer Objekte in einem Gebiet vereinfacht darstellt. Zu einer kartographischen Skizze gehört eine Legende, um die Skizze übersichtlich zu halten.

M5 Typisch tschechisch ...

Aufgaben

3 Erarbeite eine Legende zu M4.

4 Beschreibe die Lage Prags (M1).

5 Begründe die Klimagunst des Böhmischen Beckens (M4).

6 Fertige eine Tabelle an. Notiere, was du zu den dargestellten Bildern in M5 weißt.

7 Erarbeite eine Länderanalyse zu Tschechien (Schrittfolge S. 150).

Škoda – ein Auto mit Tradition und Zukunft und Stolz der Autobauer in Nordböhmen

M2 Der Škoda – ein tschechischer Exportschlager

Im nordböhmischen Industriegebiet haben neben dem Abbau von Bodenschätzen (Braunkohle, Sand, Ton u. a.) die verarbeitende Industrie und der Fahrzeugbau eine lange Tradition. In Jungbunzlau (Mladá Boleslav) wurde 1895 die Fahrradfabrik Laurin und Klement gegründet. Bereits 1905 wurden hier die ersten Autos gebaut, die bald in ganz Europa fuhren, und somit bestimmte und bestimmt Škoda das Bild der Stadt.

1946 wurde das Werk vom tschechischen Staat übernommen, 1991 erfolgte ein Zusammenschluss mit VW, um die Wettbewerbschancen auf dem Weltmarkt für die Zukunft zu sichern. Täglich laufen etwa 750 Fahrzeuge vom Band.

Grundbedingung für den Erfolg ist die Nutzung der Standortvorteile: Niedrige Lohnkosten, preisgünstige Zulieferkosten, um- und ausbaufähige Produktionsstätten und qualifiziertes Personal.

M1 Škoda – Produktpalette 1960 bis 2004

Aufgaben

1 Beschreibe die Lage des Škoda-Standortes Mladá Boleslav (Atlas).

2 Erkläre am Beispiel von Škoda den Begriff „Lieferverbund" (M3).

3 Sammle aktuelles Material zu den wirtschaftlichen Veränderungen, die der EU-Beitritt Tschechiens bewirkt und gestalte ein Poster für den Fachraum.

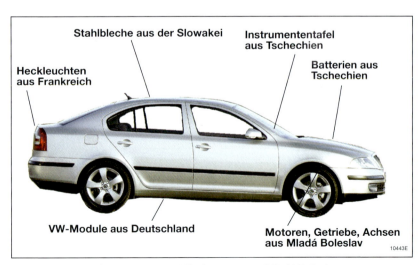

M3 Montage von Baugruppen und Endmontage in Mladá Boleslav

Der nordböhmische Braunkohleabbau

In Nordböhmen, im Egergraben, lagern große Mengen von Braunkohle. Die Braunkohle wird im Tagebau abgebaut, in der chemischen Industrie weiterverarbeitet bzw. in Kraftwerken zu Strom umgewandelt. Die Betriebe der chemischen Industrie und die Kraftwerke waren in den letzten Jahrzehnten nur mangelhaft mit Filteranlagen ausgestattet, sodass viele giftige Gase und Staub in die Umwelt getragen wurden. Das führte zu großen Belastungen für die Menschen und die Natur. Deshalb wurden große Anstrengungen unternommen, um die Umweltsituation zu verbessern. Mit dem Beitritt in die EU erhofft sich Tschechien Fördermittel, um die gravierenden Umweltprobleme lösen zu können.

Aufgaben

4 Beschreibe mithilfe der Atlaskarte die Lage des nordböhmischen Braunkohlereviers.

5 Wiederhole die Entstehung der Braunkohle (Klasse 5).

6 Erläutere mithilfe von M5 und M6 die Folgen, die sich durch den Abbau der Braunkohle ergeben.

7 Diskutiere den Ausspruch: „Wenn der Wald stirbt, verliert auch der Mensch."

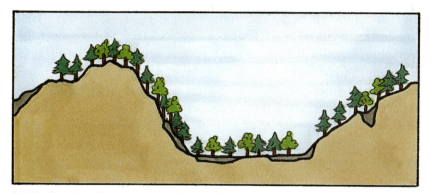

M4 Im Tertiär – Entstehung der Braunkohlelagerstätten

M5 Heute – Die Verarbeitung der Braunkohle verursacht einen hohen Ausstoß an Emissionen

M6 Die Folgen: Das Erzgebirge als „Schadstoffschlucker"

M7 Rauchende böhmische Schlote

Moderne Verkehrsprojekte in Europa

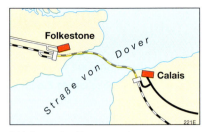

M1 Lage des Eurotunnels

Eurotunnel – Träume wurden wahr

Napoleon schlug schon 1802 vor, Großbritannien mit dem europäischen Festland zu verbinden. Seitdem vergingen etwa 200 Jahre, in denen es 27 Anläufe zur Untertunnelung des Ärmelkanals gab. Technische Probleme und hohe Kosten waren unüberwindlich. Am Ende der siebziger Jahre des vergangenen Jahrhunderts nahm aber der Handel zwischen Großbritannien und den europäischen Partnern stark zu. Der Güterverkehr wurde durch die steigenden Kosten für die Kanalüberquerung stark belastet. So wurden in den achtziger Jahren neue Pläne für eine feste unterseeische Verkehrsverbindung zwischen Großbritannien und Frankreich geschmiedet und inzwischen verwirklicht.

Der Kanaltunnel, auch **Eurotunnel** genannt, zählt zu den Jahrhundertbauwerken des 20. Jahrhunderts. Die Erweiterung des Verkehrsnetzes in Europa erleichtert den Reise- und Güterverkehr. Reisende, Personen- und Lastkraftwagen können in Zügen unter dem Meer, vom europäischen Festland zu den Britischen Inseln oder umgekehrt fahren. Der Bau eines Autotunnels wurde aus Sicherheitsgründen und wegen Belüftungs- und Abgasproblemen nicht geplant. Die private Betreibergesellschaft des Eurotunnels hat zum Teil mit enormen wirtschaftlichen Schwierigkeiten zu kämpfen. Die Konkurrenz zwischen Tunnel, Fähre und Billiganbietern für Flüge ist sehr groß.

Eurotunnel – Zahlen und Fakten

Gesamtlänge des Eurotunnels: 50,4 km
Länge unter Wasser: 38 km
Abstand zwischen Meeresboden und Tunnel: zwischen 45 und 75 Metern
Bauzeit: 7 Jahre
Einweihung: 06. Mai 1994
Baukosten: 13,5 Milliarden DM oder 6,9 Milliarden Euro
Geschwindigkeit der Shuttle-Züge: 160 km
Fassungsvermögen eines Shuttle-Zuges: 120 Pkws bzw. 12 Lkws
Verkehr der Shuttle-Züge in der Ferienzeit: im Zehnminutentakt
Verkehr der Shuttle-Züge in Spitzenzeiten: im Dreiminutentakt
Fahrzeit: 35 Minuten
Öffnungszeit: 24 Stunden am Tag und 52 Wochen im Jahr

M2 Eurotunnel – Einfahrt zum britischen Kanaltunnel bei Kent

Wahlpflichtthemen

Eurotunnel – Werbung mit „Sicherheit und Schnelligkeit"

Das Tunnelsystem besteht aus drei Röhren, zwei Transportröhren und einem kleineren Service- und Rettungstunnel in der Mitte. Sie verlaufen parallel zueinander. Die zwei getrennten Eisenbahnröhren haben einen Innendurchmesser von je acht Metern. In ihnen pendeln Shuttle-Züge mit Pkw und Lkw, aber jeweils nur in eine Richtung, um Zusammenstöße zu vermeiden. Jeder Zug ist vorn und hinten mit einer Lokomotive ausgestattet, damit im Notfall die zweite Lok den Zug aus dem Tunnel schieben oder ziehen kann. Im Tunnel können sich gleichzeitig bis zu acht Züge befinden. Pro Tag könnten im Tunnel bis zu 600 Züge je Fahrtrichtung verkehren, was aber bisher nicht ausgenutzt wurde. Der 4,8 Meter breite Servicetunnel dient der Sicherheit im Ablauf des Verkehrs, der Wartung, Lüftung und als Fluchtweg. Alle drei Röhren sind jeweils im Abstand von 375 Metern durch Quergänge verbunden.

Aufgaben

1 Stelle Vor- und Nachteile für eine Fahrt mit der Fähre und einem Shuttle gegenüber. Nutze dazu auch M3 und M4.

2 Nenne mögliche Ursachen für die in M5 dargestellte Veränderung des Umsatzes am Eurotunnel.

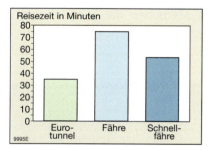

M3 Reisezeit in Minuten

M4 Vergleich – Anzahl der Fahrten pro Tag im Sommer

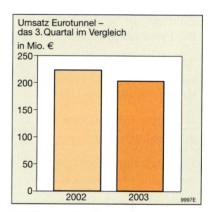

M5 Umsatz des Eurotunnels

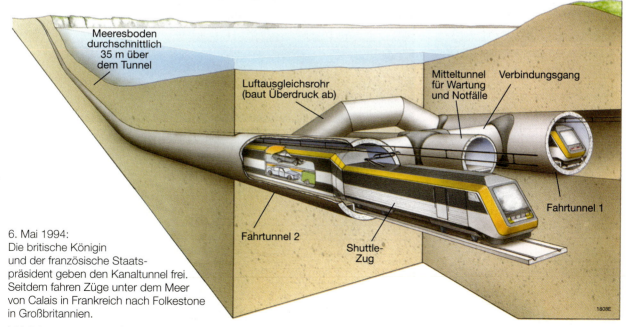

6. Mai 1994:
Die britische Königin und der französische Staatspräsident geben den Kanaltunnel frei. Seitdem fahren Züge unter dem Meer von Calais in Frankreich nach Folkestone in Großbritannien.

M6 Schnitt durch den Eurotunnel

> „Etwa 35 000 Radfahrer weihten die knapp 16 km lange Brücke über den Öresund ein, die die Städte Kopenhagen und Malmö verbindet ..."
>
> Aus einem Zeitungsbericht, Juni 2000

M1

Von Küste zu Küste – über Brücken und durch Tunnel

Die feste Landverbindung über den Großen Belt und den Öresund ist eines der modernsten Verkehrsprojekte in Europa. Offiziell wurde die erste feste Landverbindung zwischen Dänemark und Schweden am 1. Juli 2000 für den Auto- und Bahnverkehr freigegeben. Mit dem Bau von Tunneln und Brücken konnte die Lücke im Straßennetz zwischen dem Nordkap und Süditalien geschlossen werden. Dieses moderne Verkehrsprojekt zählt zu den gigantischen Bauwerken, die auch als „Bauwerke des Jahrhunderts" bezeichnet werden. Ebenso wie die Europabrücke und der Eurotunnel hat es eine große internationale und regionale Bedeutung.

Auszüge aus der Geschichte der Öresundbrücke:

1991 Unterzeichnung des Vertrages über den Bau einer festen Verbindung über den Öresund durch die Regierungen von Dänemark und Schweden und Ratifizierung des Vertrags

1992 Gründung des Öresundkonsortiums – beide Regierungen erhalten zur Hälfte die Anteile

1993 Erster Spatenstich für die dänische Landanlage

1995 Erste Baggerarbeiten für die Verbindung von Küste zu Küste

1997 Absenkung des ersten der zwei Senkkästen für die Pylonen an der Brückentrasse 17 m unter den Meeresspiegel

1998 Fertigstellung des dänischen Teils der Landanlage für die Öresundverbindung

1999 Fertigstellung der Schienenverbindung zwischen Malmö und Kopenhagen

März 2000 Übergabe der Brücke an das Öresundkonsortium

April 2000 Übergabe des Tunnels und der künstlichen Insel Peberholm

01.07.2000 Einweihung der Öresundverbindung

Quelle: Öresundkonsortiet (Hrsg): Geschichte

M2

> Seit der Einweihung bis zum 21. Juli 2003 fuhren insgesamt mehr als zehn Millionen Autos mit etwa 27 Millionen Menschen über den Öresund. Außerdem nutzten noch etwa 16 Millionen Bahnreisende diese Verbindung. Im Laufe von drei Jahren passierten damit insgesamt 43 Millionen Menschen die Straßen- und Schienenwege der Öresundbrücke.

M3 Öresundbrücke, Verbindung zwischen Dänemark und Schweden

	2002	2003	Zuwachs in Anteilen von 100
Pkw	1.344.196	1.478.994	10,0
MC	9.111	9.532	4,6
Lieferwagen/Wohnmobile	27.969	31.247	11,7
Lkw 9 – 12m	22.618	23.456	3,7
Lkw > 12m	65.639	73.643	12,2
Busse	18.181	17.258	–5,1
Total	1.487,714	1.634,130	9,8

M4 Öresundbrücke: Entwicklung des Straßenverkehrs im ersten Halbjahr 2003 verglichen mit dem gleichen Zeitraum des Vorjahres   Quelle: Öresundkonsortiet

Wahlpflichtthemen

Eine Brücke, die Brücken schlagen will

Die Öresundregion gehört in Bezug auf Wachstum und Umwelt zu den wichtigsten Gebieten Europas. In bedeutenden Wirtschaftszweigen dieses Ballungsgebietes wie Biotechnologie, Informationstechnik und Umwelttechnologie ist hier ein Zuwachs an Arbeitsplätzen zu verzeichnen.

Die Öresundbrücke soll auch dem Tourismus kräftige Impulse verleihen und die Reisezeiten des öffentlichen Nahverkehrs bedeutend reduzieren. Damit es immer einfacher wird, an dem einen Ufer des Öresunds zu wohnen und am anderen zu arbeiten, müssen künftig Unterschiede in der Gesetzgebung in Schweden und Dänemark beseitigt werden, die zum Beispiel bei Bildung, Arbeitsregelungen und Sozialversicherung bestehen. Die Regierungen von Dänemark und Schweden wollen mit einem gemeinsamen Umweltprogramm eine der saubersten **Metropolregionen** Europas entwickeln.

Das Öresundprojekt ist nicht nur wirtschaftlich bedeutend, es trägt auch dazu bei, dass die einzelnen Regionen Europas enger zusammenwachsen.

Aufgaben

1 Suche im Internet nach aktuellen Informationen über die Öresundbrücke unter www.google.de mit dem Suchwort Öresundkonsortiet.

2 Erkläre, warum man die feste Öresundverbindung zu den Jahrhundertbauwerken zählen kann.

3 Beschreibe den Verlauf der festen Öresundverbindung mithilfe von M5.

4 Sprich über die Bedeutung der Öresundbrücke für die Entwicklung der Öresundregion.

5 Herr Schulte kaufte sich im Jahr 2003 eine Zehnerkarte für die Öresundbrücke, die er aber tatsächlich nur für acht Fahrten nutzte. Überprüfe, ob er gegenüber acht Einzelkarten Verlust oder Gewinn erzielt hat (M6).

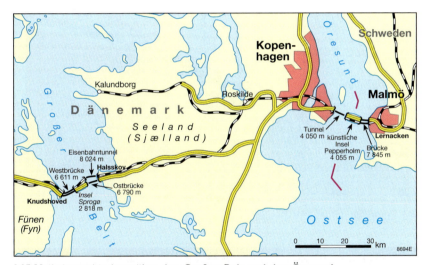

M5 Verkehrsverbindung über den Großen Belt und den Öresund

Preise 2003
Öresundbrücke:
Pkw bis 6 m (einfache Passage):
29,65 Euro
10 × Pkw bis 6 m: 181,95 Euro

M6 Benutzerpreise

Wissenswertes zu Tunnel und Öresundbrücke

Die Öresundbrücke besteht aus einer Hochbrücke und den beiden Zufahrtsbrücken. Die Hochbrücke ist die längste Schrägseilbrücke der Welt für den Straßen- und Schienenverkehr. Auf dem Oberdeck verläuft die Autobahn, die Bahngleise sind auf dem Unterdeck verlegt.

Das Hauptfeld der Hochbrücke hat eine Durchfahrtshöhe von 57 Metern. Der Senkkastentunnel liegt im westlichen Teil der Öresundverbindung. Er ist mit vier Kilometern der längste unterseeische Senkkastentunnel der Welt für Auto- und Bahnverkehr.

Die feste Verbindung ist das ganze Jahr 24 Stunden täglich geöffnet. Alle Autofahrer, die die feste Öresundverbindung befahren, zahlen auf der schwedischen Seite eine Maut, egal, ob sie aus Dänemark oder Schweden kommen.

Auswirkungen des Verkehrs auf die Umwelt

Info

Emissionen

Unter Emission versteht man den Ausstoß von festen oder gasförmigen Stoffen in die Umwelt, die die Luft, den Boden oder das Wasser verunreinigen. Auch Geräusche, Wärme und Strahlung zählen zu Emissionen. Verursacher von Emissionen können Industriebetriebe, Kraftwerke, Verkehrsmittel, die Landwirtschaft und Haushalte sein. Emissionen führen zu Umweltschäden und können die Gesundheit von Mensch und Tier gefährden.
Für viele Stoffe ist die Höhe der zulässigen Emissionskonzentration entsprechend ihrer Schädlichkeit gesetzlich festgelegt.

Mobilität – heute hier, morgen dort ...

Der Begriff Mobilität wird in verschiedenen Zusammenhängen verwendet. Man bezeichnet damit einerseits den Wohnortwechsel von Menschen, zum Beispiel aus beruflichen Gründen. Andererseits müssen auch so genannte Berufspendler, die nicht an ihrem Wohnort, sondern an einem anderen Ort arbeiten, mobil sein. Das Auto ermöglicht diese Mobilität. Es ist ein wesentlicher Wirtschaftsfaktor und gehört heute zu den Grundbedürfnissen der Menschen in unserer Gesellschaft. Der motorisierte Individualverkehr hat sich seit den sechziger Jahren mehr als verdreifacht. In den neuen Bundesländern hat sich nach der Wiedervereinigung Deutschlands 1990 innerhalb von sieben Jahren der Bestand an Personenwagen verdoppelt. In Deutschland fahren gegenwärtig etwa 44 Millionen Autos, bis zum Jahr 2020 wird eine Zunahme auf 50 Millionen geschätzt. Das ist die Folge veränderter Wohn-, Arbeits- und Lebensbedingungen.

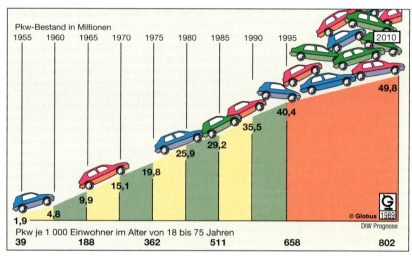

M1 Entwicklung des Pkw-Bestandes in Deutschland

Aufgaben

1 Nenne die im Text aufgeführten Ursachen für das veränderte Verkehrsaufkommen und den Massenverkehr.

2 Beschreibe die Entwicklung des Pkw-Bestandes in Deutschland mittels M1.

3 Erläutere mögliche Auswirkungen des Verkehrs auf die Umwelt und die Gesundheit der Menschen. Nutze dazu M2, M3, M4 und M5.

4 Nenne Maßnahmen, die zu einer Verhinderung eines Verkehrsinfarkts beitragen können.

M2 Gesundheitsgefährdung durch Abgase

Wahlpflichtthemen

Massenverkehr – Auswirkungen auf die Umwelt

Nicht nur in den Alpen wirkt sich der Massentourismus negativ auf die Umwelt aus. Insbesondere der Massenverkehr in der Luft und auf den Straßen trägt zur Verschmutzung der Umwelt bei. Schadstoffemissionen, Lärmbelästigung und Verbrauch an Fläche führen zu ökologischen und gesundheitlichen Schäden. Lärmbelästigungen durch Transportmittel zählen in hoch entwickelten Ländern zu den am weitesten verbreiteten Lärmquellen. Beim Flugzeug entstehen sie insbesondere beim Start und bei der Landung. Schätzungen einer im Auftrag der europäischen Kommission durchgeführten Untersuchung ergaben, dass weit über 300 Millionen Menschen in der Europäischen Union auch enormem Straßenverkehrslärm ausgesetzt sind. In Industrieländern stammen mehr als die Hälfte der Schadstoffemissionen vom Verkehr. Deshalb müssen Verkehrsmittel mit einem geringeren Kraftstoffverbrauch oder umweltfreundliche Kraftstoffe entwickelt werden.

Ein neues Satellitennavigationssystem, genannt Galileo, soll in europäischer Zusammenarbeit entstehen. Es soll genauer als das amerikanische GPS-System sein. Mit dessen Hilfe kann man sich über den genauen Ort und den optimalen Weg informieren, um zum Beispiel Staus zu meiden oder Zeit und Benzin zu sparen.

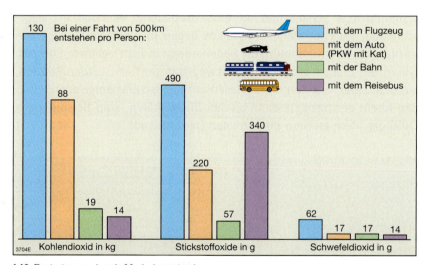

M3 Emissionen durch Verkehrsmittel

M4 Droht der Verkehrsinfarkt?

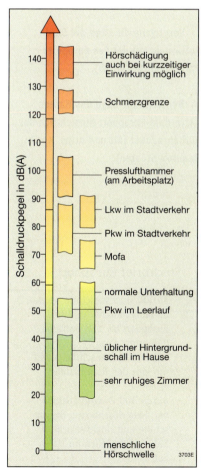

M5 Umweltgeräusche

163

Welthafen Rotterdam

M1 Lage des Hafens Rotterdam-Europoort

Zentrum des Welthandels

Rotterdam-Europoort ist der größte Hafen Europas. Mehr als 400 internationale Schifffahrtslinien laufen ihn regelmäßig an. 26 Radarstationen lotsen die Schiffe von der Mündung der Maas bis zum Liegeplatz in den Hafenanlagen. Mit an Bord ist immer einer der 340 Rotterdamer Lotsen. Die Frachtschiffe sind mit Massengütern (Rohöl, Erze, Getreide, Düngemittel, Kohle) oder mit Stückgütern, die meist in Containern transportiert werden, beladen. Die Fracht wird entladen und zur weiteren Verarbeitung oder zum Verkauf in die Industriebetriebe Westeuropas gebracht. Schiffe aller Nationalitäten werden rund um die Uhr be- und entladen.

In den letzten Jahren entstanden neue Hafenanlagen und Industriebetriebe zur Verarbeitung der angelieferten Rohstoffe. Insbesondere haben sich Raffinerien angesiedelt, in denen aus Erdöl zum Beispiel Benzin oder Heizöl hergestellt wird.

Mit dem Ausbau des Hafens wurden gleichzeitig Autobahnen und Schienenwege gebaut und an das europäische Verkehrsnetz angeschlossen. Im Hinterland des Hafens liegen in einer Entfernung von weniger als 500 Kilometern die bedeutenden Industriegebiete Europas. Güter, die billiger auf dem Wasserweg transportiert werden können, werden daher von den Ozeanriesen auf Flussschiffe umgeladen. Über den Rhein gelangen sie dann zu den Binnenhäfen, zum Beispiel nach Duisburg, dem größten Binnenhafen Deutschlands.

Aufgaben

1 Vergleiche die Lage der Stadt Rotterdam mit der des Euroports Rotterdam (M1, Atlas).

2 Beurteile die Lage des Hafens Rotterdam-Europoort hinsichtlich der Verkehrsgunst (M1 und Atlas, Karte: Benelux-Staaten).

Info

Steckbrief Europoort

- 36 000 Hochseeschiffe werden im Jahresdurchschnitt im Europoort be- und entladen (Güterumschlag).
- 120 000 Binnenschiffe laufen pro Jahr den Rotterdamer Hafen an.
- Bis zu 300 Frachter, Schlepper, Feuerlöschboote, Baggerschiffe und Hochseejachten halten sich täglich im Hafen auf.

M2 Europoort Rotterdam

Wahlpflichtthemen

M3 Rotterdam – Stadtansicht

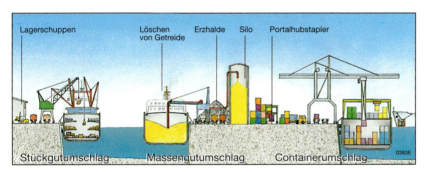

M4 Verladen von Massen- und Stückgut

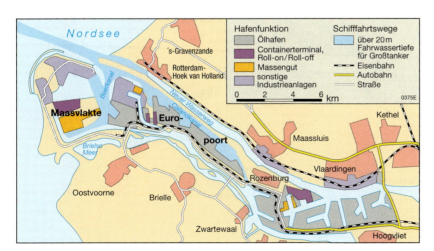

M5 Rotterdam-Europoort: Flächennutzung

Güterumschlag (in Mio. t)	
1. Rotterdam (NL)	314
2. Singapur	313
3. South Lousiana (USA)	253
4. Shanghai (VR China)	221
5. Hongkong	178
6. Houston (USA)	176
7. Chiba (Japan)	159
8. Nagoya (Japan)	152
9. Ulsan (Rep. Korea)	150
10. Kwangyang (Rep. Korea)	141

M6 Die zehn größten Seehäfen der Erde (2001)

Info

Hafenplan 2020

Der Rotterdamer Hafen soll auch in Zukunft weiterentwickelt werden. Dazu ist der „Hafenplan 2020" erstellt worden. Er basiert auf sechs Leitlinien: umfassender, umweltfreundlicher, intelligenter, schneller und sicherer, attraktiver sowie sauberer Hafen.

www.portofrotterdam.com
www.havenplan2020.nl

Aufgaben

3 Ein Schiff mit Waren aus China ist in den Europoort eingelaufen. Die Waren sollen bis nach Berlin transportiert werden.
a) Beschreibe den Weg über das Weltmeer von China nach Rotterdam.
b) Auf welchen Wegen (Wasserwege und Straßen) gelangt die Ware von Rotterdam nach Berlin?

4 Auf welchen Kontinenten liegen die größten Häfen der Erde (M6)?

Wir planen eine Reise

Gute Planung – gute Reise!

Wenn die Ferienzeit naht, planen viele Familien, aber auch Sportgruppen oder Schulklassen eine Reise, um sich zu erholen, Spaß zu haben und viel Neues kennen zu lernen.

Damit man keine unliebsamen Überraschungen erlebt, ist es besser sich gut darauf vorzubereiten.

Ihr findet hier viele Tipps, die euch dabei helfen. Plant also eure Traumreise mit eurer Familie, mit Freunden oder in eurer Klasse.

M1 Reisen in Europa

Wahlpflichtthemen

1. Reiseteilnehmer?
- Freunde
- Geschwister
- Klasse, Sportgruppe
- die Familie

Vor der Abreise klären:

Wer gießt die Blumen?
Wer versorgt die Haustiere?
Wer achtet auf die Wohnung und leert den Briefkasten?

2. Reiseziel?
- Landschaften: – am Meer
  – im Gebirge
  – extreme Gebiete (Wüste, Polargebiet)
- Städte
- Kreuzfahrten

Beachtet: Reisezeit, Preise, Unterkunft sind wichtige Kriterien für das Reiseziel.

3. Reisezeit?
- Hauptsaison des Urlaubsortes meist das gewünschte Wetter, aber höhere Preise
- Nebensaison des Urlaubsortes häufig Wetterwechsel, aber niedrigere Preise

4. Reisewetter

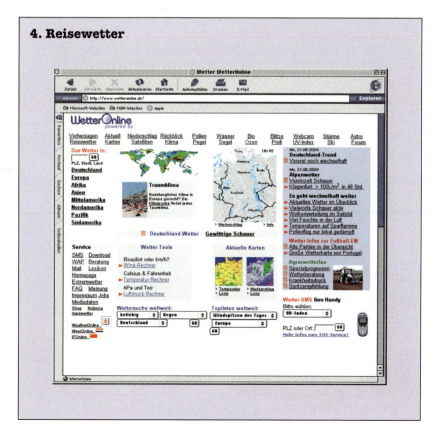

Aufgaben

1 Lege für drei Staaten deiner Wahl die folgende Tabelle an. Benutze M1 und den Atlas.

Land	Urlaubsgebiete

2 Orientiere dich im Internet über das Wetter in diesen Urlaubsgebieten.

3 Plane einen Aufenthalt für Freunde aus dem Ausland in deinem Wohnort oder in deiner Umgebung.

5. Informationen über euer Reiseziel erhaltet ihr so:

- Personen fragen, die das Ziel kennen
- im Reisebüro erkundigen und Kataloge, Prospekte besorgen
- Fremdenverkehrsamt/ Touristinformation am Zielort anschreiben
- Fachzeitschriften besorgen
- Sendungen im Radio und Fernsehen verfolgen
- Atlanten benutzen
- Geographiebücher, Reiseführer besorgen
- Internetsuche

6. Unterkunft und Verpflegung?

- Hotel
- Ferienwohnung
- Zelt, Caravan
- Ferienanlage
- Übernachtung mit Frühstück, Halb- oder Vollpension, All inklusive oder Selbstverpflegung

7. Reisekosten?

eigene finanzielle Möglichkeiten	€ _____
Kosten für Hin- und Rückreise	
mit der Bahn	€ _____
mit dem Auto	€ _____
mit dem Bus	€ _____
mit dem Flugzeug	€ _____
mit dem Schiff	€ _____
mit dem Fahrrad	€ _____
Kosten für die Unterkunft	€ _____
Kosten für Verpflegung	€ _____
Nebenkosten (z. B. Kurtaxe, Campinggebühren, Kontrollkosten am Flughafen, Eintrittsgelder, Autobahngebühren, Skiliftgebühren)	€ _____
Kosten für spezielle Ausrüstungen (z. B. Ski, Surfbrett, Sportkleidung)	€ _____
Gesamtkosten	€ _____

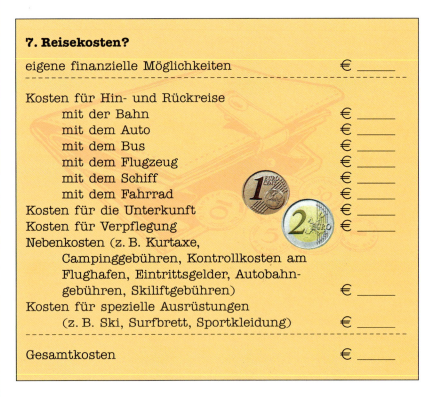

8. Reiseverlauf

1. Tag: Anreise
2. Tag: Erkunden der Umgebung
3. Tag: …
4. Tag. …

Plant auch eine Schlechtwettervariante ein (Würfelspiel, Spielkarten).

Wahlpflichtthemen

9. Verhalten im Urlaub/Ausland

- Sitten und Gebräuche der Menschen im Urlaubsgebiet achten und akzeptieren
- ungewohnte Speisen und Getränke probieren oder freundlich zurückweisen
- nicht schreien und lärmen
- Hinweise der Verantwortlichen oder des Reiseleiters beachten und befolgen

Denkt daran, ihr seid Gast und genießt die Gastfreundschaft!

Und nicht vergessen:

- Reisepass, Personalausweis, Visum
- Versicherungen für Reisegepäck, Reiserücktritt
- Krankenschein
- Devisen (ausländisches Geld)
- Fahrzeugpapiere
- Internationale Versicherungskarte
- Zoll- und Devisenbestimmungen des Gastlandes
- Schutzimpfungen
- Wörterbuch
- Wanderkarten
- Stadtpläne
- Kleidung
- Sportausrüstung
- Reiseapotheke

10. Gestalte ein Poster und stelle darauf dein Traumziel vor. Die Vorlage hilft dir dabei.

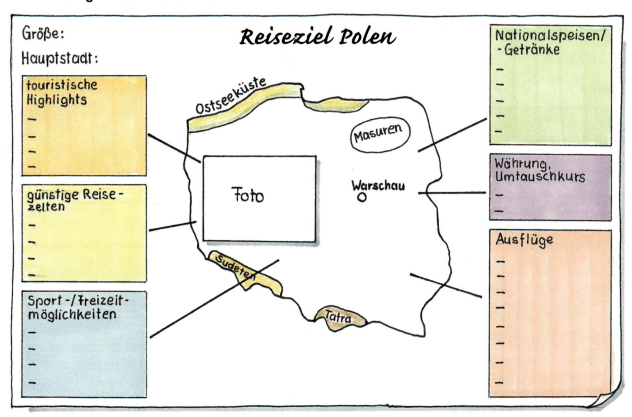

Alles klar?

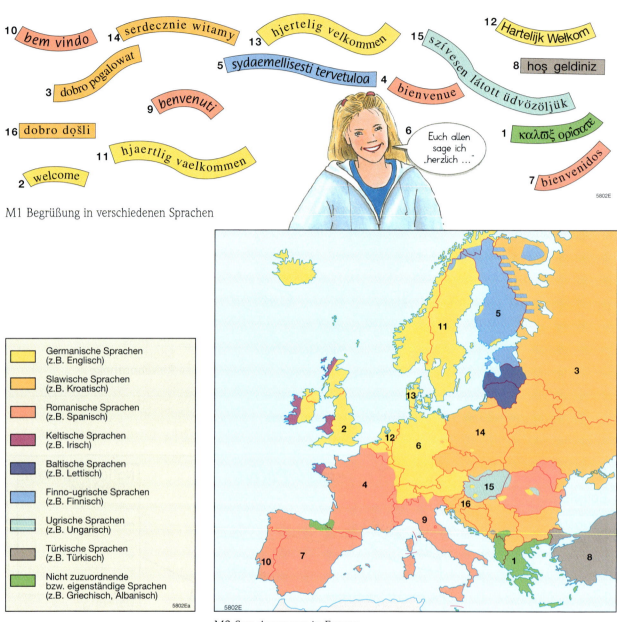

M1 Begrüßung in verschiedenen Sprachen

M2 Sprachgruppen in Europa

Was Europa verbindet

1. Die Religion: Eine wichtige Klammer, die das „europäische Haus" zusammenhält, ist das Christentum. Ab dem vierten Jahrhundert begann von Rom aus die Missionierung des Kontinents.
2. Die Kunst und Architektur: Europäische Kirchen und Schlösser wurden zu bestimmten Zeiten oft nach ähnlichen Bauplänen errichtet. Auch die typischen Stilelemente von Malerei und Musik waren in ganz Europa bekannt und wurden teilweise nachgeahmt.
3. Die Sprache: Ab dem vierten Jahrhundert wurde Latein die offizielle Sprache der Kirche und der Gelehrten. Auch unsere heutigen Sprachen haben viele gemeinsame Wurzeln.

4. Staatsform und Wertvorstellungen: Fast alle europäischen Staaten bekennen sich zur Demokratie, einer Staatsform, die bereits vor über 2000 Jahren in Griechenland entstand. Das moderne Europa verbindet ferner das Bekenntnis der Völker zur Achtung von Freiheit und Menschenwürde.

Alles klar!

Zusammenarbeit in Europa

Unter den Mitgliedsstaaten der EU entwickelt sich eine enge Zusammenarbeit. Auf dem Gebiet der Wirtschaft ist diese z.B. im Automobil- und im Flugzeugbau besonders intensiv ausgeprägt. So werden VW-Fahrzeuge mit Teilen aus Deutschland, Belgien, Ungarn, Polen, Tschechien, Portugal, Spanien, Bosnien-Herzegowina und der Slowakei zusammengebaut. Bei der Airbus-Endmontage in Toulouse stammen die Baugruppen aus Deutschland, Frankreich, Großbritannien, Spanien und Belgien.

Polen und Tschechien – unsere Nachbarn

Seit dem 1. Mai 2004 sind unsere beiden Nachbarstaaten EU-Mitgliedsländer. Der Beitritt zur europäischen Gemeinschaft wurde von den meisten Bürgern dieser Länder bejubelt. Es gab jedoch auch skeptische Meinungen dazu. Sicher werden sich in den nächsten Jahren die Volkswirtschaften der beiden Staaten stabilisieren. Immer mehr Deutsche besuchen als Touristen die schönen Landschaften und historischen Städte in Polen und Tschechien.

Verkehr in Europa

Europa ist der dicht besiedeltste Erdteil. Um die Personen- und Güterströme zu bewältigen, ist ein dichtes, gut ausgebautes Verkehrsnetz notwendig. Solche Projekte wie der Eurotunnel zwischen Frankreich und Großbritannien, die Öresundbrücke zwischen Dänemark und Schweden sowie der größte Hafen Europas, der Hafen Rotterdam, tragen zur Bewältigung der Verkehrsströme in Europa wesentlich bei.

Wir planen eine Reise

Um eine Reise richtig zu planen, sind einige Vorüberlegungen notwendig. Man sollte sich vorher Gedanken über das Reiseziel, die Reisezeit, den Reiseverlauf, über weitere Reiseteilnehmer, Unterkunft und Verpflegung machen. Eine Checkliste, um nichts zu vergessen, hilft sehr. Informationen über Sitten, Gebräuche und Verhaltensregeln im Ausland sind für einen Urlaub ebenso sehr wichtig.

Das Wichtigste kurz gefasst:

www

http://www.bics.be.schule.de/son/verkehr/flugzeug/beluga/airbus/

http://www.polen-info.de/

http://www.tschechien.de/

http://www.umweltbundesamt.at/umwelt/verkehr/sonst_wirkungen/

http://www.holland.com/de/index.html?page=

http://www.holland.com/de/stadteundregio/stadte/rdam.html

Grundbegriffe

Just-in-time-Produktion
Kooperationsbeziehungen
Werft
Eurotunnel
Metropolregion

Minilexikon

Agglomeration (Seite 89)
Eine Ansammlung von großen Städten, die miteinander verwachsen sind.

Arid (Seite 40)
siehe Info-Box

Bevölkerungsdichte (Seite 13)
durchschnittliche Zahl der Einwohner eines Raumes je Flächeneinheit. Sie wird meist als Zahl der Einwohner je Quadratkilometer angegeben.

Bewässerungsfeldbau (Seite 133)
landwirtschaftlicher Anbau mit künstlicher Bewässerung, z. B. durch Grund- oder Flusswasser. Bewässerung ermöglicht den Anbau in Gebieten mit nur wenig Niederschlag und trägt auch zur Steigerung der Erträge bei (Intensivierung).

Binnenstaat (Seite 12)
Staat ohne Küste zum Weltmeer bzw. einem Nebenmeer des Weltmeeres.

Borealer Nadelwald (Seite 37)
(in Russland = Taiga) artenarme, langsamwüchsige Nadelwälder auf der Nordhalbkugel.

Commonwealth of Nations
(Seite 85) siehe Info-Box

Endmoräne (Seite 52)
Teil der glazialen Serie, vom Inlandeis in Form von Kuppen und Hügeln ketten- und girlandenartig abgelagert.

Erdbeben (Seite 124)
Erschütterung der Erdoberfläche, die durch Kräfte im Erdinneren verursacht wird. Erdbeben entstehen meist durch die ruckartige Verschiebung großer Platten der Erdkruste.

Europäische Union (Seite 16)
Staatenbündnis von 25 europäischen Mitgliedsländern mit dem Ziel einer wirtschaftlichen und politischen Zusammenarbeit.

Eurotunnel (Seite 158)
So nennt man das Tunnelsystem im Meeresboden zwischen Frankreich und Großbritannien. Der Kanal- oder Eurotunnel verbindet mit zwei Fahrröhren und einem Versorgungstunnel das Europäische Festland mit den Britischen Inseln.

Findling (Seite 54)
Großer Stein, der vom Gletschereis aus Skandinavien nach Norddeutschland transportiert worden sind.

Fjell (Seite 49)
Fjell nennt man die Gebirgshochfläche in Nordeuropa, die von Gletschern überformt wurde. Kennzeichnend ist eine waldlose, wellige bis hügelige Landschaft mit spärlichem Pflanzenwuchs.

Fjord (Seite 47)
Ein Fjord ist ein vom Gletschereis geformtes Gebirgstal, das durch den späteren Anstieg des Meeresspiegels überflutet wurde.

Gebirgsgruppen (Seite 107)
Teile eines Hochgebirges, die durch Längs- und Quertäler voneinander abgetrennt sind.

Glaziale Serie (Seite 52)
von lateinisch glacies = Eis. Regelhafte Abfolge von Naturräumen, die das Eis und seine Schmelzwässer geschaffen haben (Grundmoräne, Endmoräne, Sander, Urstromtal).

Global City (Seite 84)
Großstadt mit einer Einwohnerzahl von mehreren Millionen Menschen, die Sitz international bedeutsamer Organisationen ist und daher Weltbedeutung besitzt.

Golfstrom (Seite 35)
Der Golfstrom ist eine warme Meeresströmung. Er kommt aus dem Golf von Mexiko, durchzieht den Atlantik in nordöstlicher Richtung und trifft auf die Küsten in West- und Nordeuropa. Hier sorgt er vor allem im Winter für milde Temperaturen. Er gilt als die „Warmwasserleitung" Europas.

Grundmoräne (Seite 52)
Entsteht unter dem Gletscher. Hier sammelt sich abgelagertes Material verschiedenster Art und Herkunft. Hügel, Seen und Tümpel prägen die Landschaft nach dem Abtauen des Gletschers.

Hartlaubgewächse (Seite 40)
Typische Vegetation im subtropischen, winterfeuchten Klima. Die harten Blätter bieten eine gute Anpassung an die hohen Sommertemperaturen.

Höhenstufen der Vegetation (Seite 109)
Klima- und Vegetationsstufen der Gebirge. Die Temperatur nimmt

etwa ein halbes Grad Celsius pro 100 Höhenmeter ab. Daher ändern sich die Vegetation und die Nutzungsmöglichkeiten mit zunehmender Höhe.

Humid (Seite 40)
siehe Info-Box

Humus (Seite 55)
siehe Info-Box

Industrialisierung (Seite 74)
Aufkommen und Ausbreitung der Industrie, besonders durch technische Neuerungen und Erfindungen.

Inlandeis (Seite 48)
Bezeichnung für Gletscher, die Landmassen großflächig überdeckt haben bzw. noch immer überdecken.

Just-in-time-Produktion (Seite 143)
Anlieferung von Teilen genau zu dem Zeitpunkt, an dem sie bei der industriellen Produktion gebraucht werden.

Klima (Seite 28)
Das Zusammenwirken von Temperatur, Niederschlag, Bewölkung, Wind und Luftdruck über einen Zeitraum von mindestens 30 Jahren. Die langjährigen Durchschnittswerte der Temperaturen und Niederschläge werden im Klimadiagramm dargestellt.

Klimadiagramm (Seite 30)
Temperatur- und Niederschlagswerte können in einem Diagramm zeichnerisch dargestellt werden. Die Niederschläge erscheinen als blaue Säulen und die Temperaturen als rote Kurve.

Klimazone (Seite 28)
Große Gebiete auf der Erde, die ein ähnliches Klima aufweisen. Die K., wie zum Beispiel die gemäßigte Zone, ziehen sich wie Gürtel um die Erde.

Kooperations-beziehungen (Seite 144)
Produktionsbeziehungen zwischen mehreren zusammenarbeitenden Firmen oder Standorten.

Landklima (Seite 67)
Klima im Inneren der Kontinente (daher auch Kontinentalklima genannt), das durch warme Sommer und kalte Winter gekennzeichnet ist. Gegensatz: Seeklima.

Längs-, Quertal (Seite 107)
Charakteristisches Muster an parallel verlaufenden Tälern, die das Gebirge in Gebirgsgruppen zerschneiden. Die Längstäler verlaufen in der Richtung des Gebirgskammes. Die Quertäler sind zumeist die kürzeren Talabschnitte.

Laub- und Mischwaldzone (Seite 68)
Vegetationszone im gemäßigten Klima, in der Laubwälder mit einem geringen Anteil von Nadelbäumen vorherrschen.

Lava (Seite 124)
Aus dem Erdinnern austretender, glutflüssiger Gesteinsbrei, der an der Erdoberfläche erstarrt.

Logistikunternehmen (Seite 78)
Firma, die Technik und Ausrüstungen bereitstellt und die Planung von Arbeitsabläufen vornimmt.

Löss (Seite 55)
siehe Info-Box

Magma (Seite 124)
Gashaltiger, glutflüssiger Gesteinsbrei im Erdinneren. Sobald er an die Erdoberfläche tritt, nennt man ihn Lava.

Massentourismus (Seite 113)
Form der Erholung, an der eine große Anzahl von Menschen teilnimmt, z. B. Badeurlaub an Nordsee oder Mittelmeer.

Metallurgie (Seite 81)
Industriezweig, der sich mit der Verarbeitung von Metallen (z. B. Kupfer, Nickel, Eisen und Stahl) befasst. Ausgangsprodukt ist das Erz, aus dem das Rohmetall geschmolzen wird. Es folgen die Veredelung (z. B. von Eisen zu Stahl in einem Stahlwerk) und die Produktion von Halbzeugen (Barren, Bleche, Rohre) in einem Walzwerk.

Metropole (Seite 89)
(Zumeist) Hauptstadt und zugleich politischer und wirtschaftlicher Mittelpunkt eines Landes mit vielfältigem Warenangebot, Dienstleistungen und zahlreichen kulturellen Einrichtungen wie Theatern, Opernhäusern usw.

Metropolregion (Seite 161)
Großraum einer Metropole, der eine deutlich höhere Einwohnerzahl, Bevölkerungsdichte, Industriedichte und Verkehrsdichte aufweist als die an die M. angrenzenden Gebiete; wird auch als großstädtischer Ballungsraum (engl. Metropolitan Area) bezeichnet.

Minilexikon

Pass (Seite 114)
Niedrig gelegener Punkt auf einem Gebirgskamm. Er ermöglicht den Übergang von einem Tal in ein anderes. Über die Pässe (z. B. der Brenner und der St. Bernhard in den Alpen) verlaufen Hauptverkehrslinien.

Polder (Seite 97)
Der Begriff kommt aus dem Niederländischen. Man bezeichnet damit Flächen an der Küste oder am Ufer eines Flusses, die mit einem Deich umgeben sind. Polder dienen als Überschwemmungsschutz. Schwillt ein Fluss bei Hochwasser an, lässt man die Polder mit Wasser volllaufen.

Rotation (Seite 26)
Bezeichnung für die Drehbewegung der Erde um ihre eigene Achse innerhalb von 24 Stunden. Die Erde rotiert von West nach Ost.

Sander (Seite 52)
Sander bildeten sich vor den Eismassen der großen Gletscher. Hier lagerten die Schmelzwässer besonders Sande und Kiese ab. Teil der glazialen Serie.

Schärenküste (Seite 48)
Küste mit tausenden von vorgelagerten kleinen Inseln, die während der Eiszeit vom Inlandeis überströmt und abgeschliffen wurden. Ihrer Entstehung nach sind Schären Felsbuckel (Rundhöcker), die später teilweise vom Meer überflutet wurden und daher die Küsten der glazialen Abtragungsgebiete säumen.

Schwarzerde (Seite 55)
siehe Info-Box

Schwerindustrie (Seite 77)
Betriebe der Eisen- und Stahlindustrie sowie des Eisenerz- und Steinkohlenbergbaus fasst man mit der Bezeichnung Schwerindustrie zusammen. In Großbritannien ist die Schwerindustrie neben der Textilindustrie eine der Grundlagen der Industrialisierung im 19. Jahrhundert. Zentrum der Schwerindustrie ist das „black country" am Südrand der Pennines.

Seeklima (Seite 67)
Auch maritimes Klima genannt. Es wird durch die Nähe der Ozeane bestimmt, mit kühlen Sommern und milden Wintern; ganzjährig feucht.

Steppe (Seite 68)
Baumarme bis baumlose Pflanzenformation; Gräser und Stauden bilden die dominierende Vegetationsform. Steppen treten in den außertropischen Klimazonen auf. Typisch ist die sommerliche Trockenzeit; die Summe der Jahresniederschläge beläuft sich auf Werte zwischen 400 und 600 mm.

Taiga (Seite 69)
(Russische Bezeichnung für borealer Nadelwald) Große zusammenhängende Nadelwaldzone in Europa und Asien. Sie erstreckt sich von Nordeuropa im Westen bis zum Pazifik im Osten.

Transit (Seite 14)
Durchgangsverkehr durch ein Land oder durch bestimmte Gebiete.

Trockenfeldbau (Seite 132)
Methode der Bodenbewirtschaftung in Trockengebieten, wobei die geringen Niederschläge durch Umpflügen und Brachliegen des Bodens gespeichert werden.

Tundra (Seite 38)
Vegetationszone im subpolaren Klima. Baumlose Kältesteppe mit Flechten, Moosen und Gräsern. Waldtundra (Krüppelkiefern, -birken) als Übergangssaum zur Taiga.

Urstromtal (Seite 52)
Ein meist breites Tal, in dem sich die Schmelzwässer beim Abtauen des Inlandeises sammelten und im Urstromtal abflossen; Teil der glazialen Serie.

Vegetationszone (Seite 28)
Vegetationszonen sind gürtelartig um die Erde verlaufende Räume, die sich durch eine bestimmte Pflanzenbedeckung auszeichnen. Die Pflanzen sind den Klimazonen angepasst. Es gibt folgende Vegetationszonen: polare Kältewüste, Tundra, nördlicher Nadelwald, sommergrüner Laub- und Mischwald, Steppe, Hartlaubgehölze, Wüste, Halbwüste, Savannen, tropischer Regenwald.

Vulkan (Seite 124)
Ein Vulkan ist eine kegel- oder schildförmige Erhebung, die durch den Austritt von Magma, Asche, Gesteinsbrocken und Gasen aus dem Erdinnern entsteht.

Werft (Seite 152)
Technische Anlage zum Bau, zur Ausrüstung oder zur Reparatur von Schiffen.

Wetter (Seite 30)
Wetter nennt man das Zusammenwirken von Temperatur, Luftdruck, Wind, Bewölkung und Niederschlag zu einem bestimmten Zeitpunkt. Man beobachtet und misst das Wetter in den Wetterstationen. Das Wetter ändert sich bei uns nahezu täglich. Auch kann z. B. in Chemnitz die Sonne scheinen und es gleichzeitig auf dem Fichtelberg regnen.

Nationalitätszeichen für Kraftfahrzeuge in Europa

A	Österreich (engl.: Austria)	GBJ	Jersey	RSM	San Marino
AL	Albanien	GBM	Insel Man	RUS	Russische Föderation
AND	Andorra	GBZ	Gibraltar	S	Schweden
B	Belgien	GR	Griechenland	SK	Slowakei
BG	Bulgarien	H	Ungarn (engl.: Hungary)	SLO	Slowenien
BIH	Bosnien-Herzegowina	HR	Kroatien	TR	Türkei
BY	Weißrussland	I	Italien	UA	Ukraine
CH	Schweiz	IRL	Irland	V	Vatikanstadt
CY	Zypern (engl.: Cyprus)	IS	Island	YU	Serbien und Montenegro
CZ	Tschechische Republik	L	Luxemburg		
D	Deutschland	LT	Litauen	CC	Konsularisches Corps
DK	Dänemark	LV	Lettland	CD	Diplomatisches Corps
E	Spanien	M	Malta	EUR	Behörden und Bedienstete der Europäischen Union
EST	Estland	MC	Monaco		
F	Frankreich	MD	Moldau	EURO	Behörden und Bedienstete der Europäischen Organisation zur Sicherung der Luftfahrt – Eurocontrol
FIN	Finnland	MK	Makedonien		
FL	Fürstentum Liechtenstein	N	Norwegen		
FR	Färöer (zu Dänemark)	NL	Niederlande		
GB	Vereinigtes Königreich von Großbritannien und Nordirland	P	Portugal		
		PL	Polen		
		RO	Rumänien		

Maße und Gewichte

Längenmaße
1 m (Meter) =   10 dm (Dezimeter)
             = 100 cm (Zentimeter)
             = 1000 mm (Millimeter)
1 km (Kilometer) = 1000 m
1 Meile (amerik./brit.) = 1609 m
1 sm (Seemeile) = 1852 m

Flächenmaße
$1 m^2$ (Quadratmeter) $= 1 m \cdot 1 m$
1 a (Ar) = 10 m · 10 m $= 100 m^2$
1 Morgen $\approx 2500 m^2$
1 ha (Hektar) = 100 m · 100 m $= 10\,000 m^2$
$1 km^2$ (Quadratkilometer) = 1 km · 1 km = 100 ha

Einheiten
Kilo: 1000
Mega: 1000 · 1000 = 1 000 000 (1 Mio.)
Giga: 1000 · 1000 · 1000 = 1 000 000 000 (1 Mrd.)

Raummaße/Hohlmaße
1 l (Liter) $= 1 dm^3$ (Kubikdezimeter)
            = 1 dm · 1 dm · 1 dm
1 hl (Hektoliter) = 100 l
$1 m^3$ (Kubikmeter) = 1 m · 1 m · 1 m

Gewichte
1 kg (Kilogramm) = 1000 g (Gramm)
1 dt (Dezitonne) = 1 dz (Doppelzentner)
                 = 100 kg
1 t (Tonne) = 1000 kg
1 kt (Kilotonne) = 1000 t

Vergleichswerte
1 Fußballplatz: etwa 100 m · 70 m = $7000 m^2$
Ladung eines Lkws (ohne Anhänger): 8 t
Ladung eines Güterwagens: 20 t
Rauminhalt für Schiffscontainer (Länge, Breite, Höhe): 6 m · 2,4 m · 2,5 m = $36 m^3$

Bildquellen

Aerocamera, NL-Rotterdam: 164.2;
Alean, Jürg, CH-Eglisau: 128.3;
Anzenberg, A-Wien: 153.6 (Polleross);
argus Fotoarchiv, Hamburg: 162.2 (Schwarzbach);
Audi AG, Ingolstadt: 142 o.li., 142 o.re.;
Berger, Markus, Braunschweig: 29.4, 65.3, 91.6;
Bilderberg, Hamburg: 11.4 (Blickle), 81.2 (Kallay), 112.2 (Naomi Baumgartl), 115.4 (Schmitz);
Bräuer, Kerstin, Leipzig: 123.3, 123.6, 128.2, 130.3;
Brucker, Ambros, Lochham: 109.3;
by Lännen, Iso-Vimma, Finnland: 57.4;
Colditz, Margit, Halle: 60 u.li.;
Comet Photoshopping, CH-Zürich: 115.5;
Corbis, Düsseldorf: 11.3 (Bean), 68.3 (Kaehler), 73.3 (Picimpact), 127.4 re. (Jodice), 148.1 (Franken), 153.5 (Gehmann), 158.2 (Vannini);
Daimler-Benz Aerospace Airbus GmbH, Hamburg: 146.1;
ddp, Nachrichtenagentur, Berlin: 83.3 (Meinhold);
dpa, Frankfurt/M.: 60 u.re. (Pekka Sakki), 124.2, 151.5 u.re. (Scholz);
Eck, Thomas, Berlin: 53 u.li., 53 u.re.;
f1 online, Frankfurt: 10.2;
Floto, Gisela, Hamburg: 131.4;
Fremdenverkehrsbüro Benidorm: 134.4;
Gartung, Werner, Freiburg: 60 m.li.;
Geiger, Folkwin, Merzhausen: 133.2, 133.3, 133.4;
GeoGraphic Media GmbH, München: 87.4;
Geospace, A-Salzburg: 89.3;
Gesellschaft für ökologische Forschung, München: 47.2, 111.2 re. (Daniela Grosse);
Gesellschaft für ökologische Forschung, Sammlung, München: 111.2 li.;
Getty Images, München: 157.7 (E-Lance/Gallup);
Globus Infografik, Hamburg: 162.1;
Griese, Dietmar, Hannover: 14.1;
Huber, Bildarchiv, Garmisch-Partenkirchen: 107.3, 109.4, 109.6, 120/121 (Giovanni), 122.2 (Giovanni);
IFA-Bilderteam, Ottobrunn: 29.3 (Möller), 48.4 (Gottschalk), 51.4 (Koch), 57.3 (Möller), 104/105 (Hutterer), 135.6 (Welsh), 150.4 (Baron), 154.3 (Harris), 163.4 (Lescourret);
Jilg, Wilfried, Auetal: 129.1, 129.2, 129.3;
Jürgens, Berlin: 37.6, 93.3, 95.4;
Klammet Bildkunstverlag, Ohlstadt: 40.3, 109.5, 140/141;
Kliem, Thomas, Kalkar: 87.5;
Knudsens Fotosenter, N-Oslo: 60 o.re.;
Kuhr, Jens, Göttingen: 49 u.;
Kurverwaltung Garmisch-Partenkirchen: 112.1, 113.3;
Kymi Paper Oy (UPM-Kymmene Fine Paper): 56.2;
Lade, Helga, Fotoagenturen, Frankfurt/M.: 151.5 o.re. (Tetzlaft);
laif, Köln: 165.3 (Samuel Zuder);
Leo Lindner Filmproduktion, Düsseldorf: 87.3;
Liebe, Kai, Wirges: 32.3;
Mangold, Guido, Ottobrunn: 88.2;
Mauritius, Mittenwald: 6/7, 33.7 (Morandi), 37.7 (Jiri), 49 o. (Magnusson), 49 m. (Loken), 57.5 (Scott), 65.2 (Thonig), 65.4 (Pigmeter), 65.5 (Mandel), 76.3 (Mattes), 117.5 (Zak), 117.6 (JIRI), 117.8 (Mallaun), 151.5 u.li. (Schnürer), 160.3 (Higuchi);
Micro Compact Car S.A.S., F-Hambach: 79.3;
Opelwerk, Rüsselsheim: 83.4;
Pause, M., Weyarn: 110.1;
Peterhoff, Frank, Lenggries: 24/25, 87.6;
Picture-Alliance/dpa, Frankfurt/M.: 10.1 (H.J. Roersma), 69.4 (Försterling), 73.4 (Fotoreport BMW), 75.3 (Genin), 85.4 (Weissbrod), 90.2 (Bernhart), 94.1 (Norbert Neetz/epd), 95.3 (Katkov), 114.1 (Keystone), 114.2 (Gutberlet), 117.7 (Schiffmann), 127.4 li. (Garazzo), 136.2 (ANSA), 148.2 (Kumm), 149.3, 151.5 o.li. (CMI/UTKIEK);
Priesmeier, K., Baldham: 60 o.li.;
Röber, Stefan: 54.2;
Schapowalow, Bildagentur, Hamburg: 33.6, 127.4 m.;
Schönauer-Kornek, Sabine, Wolfenbüttel: 8.1, 17.3, 19 o., 20.1, 21.2, 22 o., 22 m., 22 u., 26.2, 28.1, 33 o.re., 39.5, 39.6, 42 m., 46, 60 m., 62/63, 64 u., 67.4, 67.5, 76.2, 87 o.re., 102, 108.2, 118 o.li., 118 m., 138 Illus, 144.1, 154 o.re., 155.5, 157.4, 157.5, 157.6, 166 o., 168 u.re., 168 u.li., 169 o., 169 u., 170.1 (Mädchen);
Seipelt, Wolfgang, Braunschweig: 159.6;
skodaAuto, Firmenhistorisches Archiv, CZ-Mlada Boleslaw: 156.1, 156.3;
Steinberg, Doris, Brand-Erbisdorf: 37.4, 37.5;
Strohbach, Dieter, Berlin: 53 o.li., 53 o.re., 107.4;
Südtiroler Archäologiemuseum, Bozen: 111.3 (J. Pernter);
Teubner, Foodfoto, Füssen: 130.2;
Tourismusverband Colbitz-Letzlinger-Heide, Colbitz: 68.2;
Tourismusverein Lenzerheide-Valbella, CH-Lenzerheide: 117.3, 117.4;
Transglobe Agency, Hamburg: 44/45 (Krecichwost);
Trebels, Rüdiger, Düsseldorf: 34.1;
Verkehrsmuseum, Dresden: 142 u.li.;
Visum plus 49 GmbH, Hamburg: 126.2 (Jochen Arndt);
VW Wolfsburg Unternehmensarchiv: 145.4;
VW Wolfsburg: 142 u.re., 143.1;
Weidner, Walter, Altlußheim: 41.4, 116.2;
Wostok Verlag, Berlin: 69.5, 69.6, 70.3, 95.5;
zefa visual media, Hamburg: 116.1 (Voigt).